中等职业教育“十四五”规划教材

阳光心态　健康人生

——中职学生心理健康成长手册

蒋丽俐　封国俐　连　英　主　编

中国农业大学出版社
·北京·

内容简介

本书共设计8个话题，分别从自知——走进心理世界、自塑——追求卓越自我、自控——情绪世界探秘、自省——和谐人际交往、自爱——遭遇花季雨季、自律——学会终身学习、自立——职业规划探索、自惜——生命挫折教育等领域，系统开发了21个具体活动，每个任务按7个板块进行布局，旨在通过心情故事、心境探秘、心灵碰撞、心海拾贝、心理测试、心香一瓣、心路历程等来探索中职学生的成长心路，为他们提供成长过程中应当积极思考和体验的心理活动指南。本书在编写中力求深入浅出、通俗易懂、案例常见、人物可视，体现知识的前沿性、实用性，是中职学生成长的专用指导手册，也可以作为同年龄段人群的心理学习参考书，还可供中职院校从事心理健康教育的研究人员参考。

图书在版编目(CIP)数据

阳光心态　健康人生：中职学生心理健康成长手册/蒋丽俐，封国俐，连英主编．--北京：中国农业大学出版社，2022.9

ISBN 978-7-5655-2859-0

Ⅰ．①阳…　Ⅱ．①蒋…②封…③连…　Ⅲ．①心理健康－健康教育－中等专业学校－教学参考资料　Ⅳ．①G444

中国版本图书馆CIP数据核字(2022)第154297号

书　　名　阳光心态　健康人生——中职学生心理健康成长手册
作　　者　蒋丽俐　封国俐　连　英　主编

策划编辑　张　玉　　**责任编辑**　张　玉
封面设计　郑　川
出版发行　中国农业大学出版社
社　　址　北京市海淀区圆明园西路2号　　**邮政编码**　100193
电　　话　发行部 010-62733489，1190　　读者服务部 010-62732336
编辑部 010-62732617，2618　　出　版　部 010-62733440
网　　址　http://www.cau.edu.cn/caup　　**E-mail** cbsszs@cau.edu.cn
经　　销　新华书店
印　　刷　北京时代华都印刷有限公司
版　　次　2022年9月第1版　　2022年9月第1次印刷
规　　格　170 mm×240 mm　　16开本　　15.75印张　　305千字
定　　价　49.00元

编写委员会

本书编审人员

主　编　蒋丽俐　邢台现代职业学校高级讲师
　　　　封国俐　冀南技师学院高级讲师
　　　　连　英　邢台技师学院高级讲师

副主编　赵立霞　邢台现代职业学校高级讲师
　　　　曹伟谦　邢台现代职业学校高级讲师
　　　　冯莉倩　邢台现代职业学校高级讲师
　　　　吕翠芹　邯郸科技职业学院高级讲师

参　编　梁　欢　冀南技师学院讲师
　　　　孙玉棉　冀南技师学院讲师
　　　　张　杉　邯郸科技职业学院讲师
　　　　韩　丽　河北巨鹿中学教师
　　　　王　宇　邢台现代职业学校讲师
　　　　董静静　邯郸科技职业学院

主　审　王振鹏　邯郸科技职业学院正高级讲师

编写说明

中职学生心理健康教育是一个无法回避的难题。基于已有的职业院校健康教育研究成果，我们倾向于编写一部伴随中职学生成长的活页手册，并且参考刚刚兴起的活页式、手册式教材模板，为中职院校的师生提供一个新的心理健康教育参考文献和教学指导书。

本书定名为《阳光心态　健康人生——中职学生心理健康成长手册》。全书以“积极心理学”的基本观点为依托，从关注发生心理问题后的处理转到预防心理问题的发生，让学生了解在面对身体变化，学习压力，和父母发生矛盾，和老师、同学相处，求职就业等情况时可能产生的一些心理问题，如何通过积极有效的方法应对这些问题，保持阳光心态，积极面对一切，成为身心全面和谐发展的人，实现人生的价值。

全书共设计 8 个话题，分别从自知——走进心理世界、自塑——追求卓越自我、自控——情绪世界探秘、自省——和谐人际交往、自爱——遭遇花季雨季、自律——学会终身学习、自立——职业规划探索、自惜——生命挫折教育等领域，系统开发了 21 个具体活动，每个活动按 7 个板块进行布局，旨在通过心情故事、心境探秘、心灵碰撞、心海拾贝、心理测试、心香一瓣、心路历程等来探索中职学生的成长心路，为他们提供成长过程中应当积极思考和体验的心理活动指南。其中前 4 个板块侧重结合典型案例引发学生思考，后 3 个板块侧重练习、体验、拓展等实践活动。本手册根据项目驱动式教学需要，以引导学生主动学习、积极参与为目的进行体例架构设计和内容开发，以适应中职学生成长的需要。书中的每个任务都着眼于学生成长的关键节点，以实际心理活动引领教学内容、开展实践训练，突出案例教学，鼓励学生参与，把“学中练、用中练”贯穿始终。本书在编写中力求深入浅出、通俗易懂、案例常见、人物可视，体现知识的前沿性、实用性，内容具有及时性、针对性和新颖性等特点，是中职学生成长的专用指导手册，也可以作为同年龄段人群的心理学习参考书，还可供有关中职院校从事心理健康教育的研究人员参考。书中配套了微课、课件、测试题等教学资源，以满足教学需要。

本书由邢台现代职业学校牵头，冀南技师学院、邢台技师学院、邯郸科技职业学院、石家庄财经商贸学校、石家庄幼儿教育中等专业学校等院校的老师共同参加编写，邢台现代职业学校、邯郸科技职业学院负责统稿和审稿。蒋丽俐、封国俐、连英担任主编；赵立霞、曹伟谦、冯莉倩、吕翠芹任副主编；梁欢、孙玉棉、张杉、韩丽、王宇、董静静参编。全书最后由蒋丽俐、王振鹏分别负责统稿和审稿。

编　者

2022 年 1 月 22 日

本书编写体例

书中各板块设计

心情故事： 通过在中职学生中选取设计的几个虚拟人物的疑问或故事引入学习任务和本课学习内容。

心境探秘： 运用心理健康知识和方法针对心情故事引发的问题，加入典型案例进行分析，重在引发学生思考、感受、体验。

心灵碰撞： 设计开展的互动环节，如游戏、活动、小剧场等与内容相适应的方式，让学生动起来，在活动中加深感受。

心海拾贝： 对上述活动的总结环节，重在让学生写出自己的收获。

心理测试： 心理成长的拓展环节，根据具体内容选择相应的心理测试量表或问卷，对具体心理活动进行量化评价。

心香一瓣： 贴近本课内容的好文或电影欣赏，附有简单介绍。

心路历程： 课后给学生留的一个小任务，让学生在做的过程中用心体会自己的变化。

书中人物设定

男 1 号：明川（外号：校草）

身　　份： 某职业学校一年级的学生
年　　龄： 16 岁
性　　格： 活泼开朗，好奇心强，积极上进，乐于助人
爱　　好： 打篮球、游泳
口 头 禅： 没问题
家庭情况： 父亲做生意，母亲在家照顾孩子，有一个妹妹。

男 2 号：李宇凡

身　　份： 学习委员、明川的“死党”
年　　龄： 16 岁
性　　格： 沉静内向，喜欢读书，善于思考，不经常发表观点
爱　　好： 看书
口 头 禅： 让我想想
家庭情况： 父母都是教师。

男 3 号：周旭

身　　份： 明川和李宇凡的同班同学
年　　龄： 16 岁
性　　格： 内向，喜欢玩游戏，不爱说话，让他发表言论的时候总是爱挠挠后脑勺，然后嘿嘿一笑
爱　　好： 玩游戏
家庭情况： 父母都在外地打工，从小和爷爷奶奶生活，属于留守儿童，有一个弟弟。

女 1 号：王雅静

身　　份： 团支书
年　　龄： 16 岁
性　　格： 文静，稳重，遇事不慌不忙
家庭情况： 父母都是县城的公务员。

女 2 号：韩美（外号：小美）

身　　份： 文艺委员
年　　龄： 16 岁
性　　格： 活泼开朗，爱说爱笑，爱跳爱唱
爱　　好： 唱歌、跳舞
家庭情况： 父母在县城开门市，基本很少管她，有一个弟弟

女 3 号：赵娜拉

身　　份：韩美的初中同学，其他班级的学生
年　　龄：16 岁
性　　格：内向，喜欢化妆打扮，不爱说话，有点小虚荣
爱　　好：玩，化妆打扮，追星
家庭情况：父母都在本地打工。

老师：田老师

身　　份：心理老师，学校心理咨询室主任，取得了国家二级心理咨询师证书，并从事多年班主任工作
年　　龄：38 岁
性　　格：温柔，有爱心，说话不疾不徐
爱　　好：热爱学习，经常利用假期和工作之余外出学习，喜欢旅游
家庭情况：有一个女儿，正在上六年级。

目录

Contents

目录

Contents

话题一

自知——走进心理世界

活动一

初识心理健康

冥想

学习领域：	学习情境：
自知——走进心理世界	初识心理健康
姓名______ 班级______	
日期______________	

心情故事

新学期刚开学，明川就发现多了一门课程——心理健康，快上课的时候，他就和李宇凡探讨起这个话题来了。

明川："宇凡，你说你的心理健康吗？"

李宇凡："健康呀！"

明川："我看你不健康。"

李宇凡："你怎么看出来的？"

明川："你看你整天不说话，是不是得了那个叫什么'抑郁症'？"

李宇凡："你才抑郁症呢。不过，你说咱们这个老师会不会催眠呀？到时候一上课，给我们全体来个催眠，我们迷迷糊糊地就乖乖听话了。"

这时候，韩美也加进来，"哎，你们说，咱们老师会不会解梦呀，昨晚上我做了一个奇怪的梦，能不能让老师给解一解？"

明川："你当老师是周公呀，还解梦呢。"

李宇凡："你别说，心理学界有一位大咖，名叫弗洛伊德，他写过一本《梦的解析》，咱们老师肯定读过，说不定咱们的老师真是位现实版的周公呢。”

铃……上课铃声打断了他们的讨论。

田老师走进教室，面对讲台下同学们好奇打量的目光，笑眯眯地对大家说：“各位同学，刚才我进教室之前，听到很多同学在议论这门课，大家谁来说说你们讨论的问题。”

大家你看看我，我看看你，谁也不说话，还是明川第一个站起来，“老师，我们在猜您是不是现实版的女周公，会不会解梦？”哄……他刚一说完，大家都笑了。

“嗯，还真会，你要不要试一试？”

“真的假的？”大家一片讶然。

“不但我会，我还能传授给大家，大家要不要一起学习？”

“啊，你说老师说的是真的吗？”“真的能学，那我们以后是不是可以靠这个去赚钱啦？不用学习这么辛苦了？”“我觉得老师在吹牛。”……

“我知道大家对这门课有疑问，那么我们一起去寻求答案吧！”田老师接着说道。

同学们，对于“心理健康”这门课，你了解多少，你有什么样的疑问，请写在下面吧。

____

____

同学们，让我们先去书本中寻找答案，看看书上的知识能不能回答你的疑问。可以将书本上的定义抄在下面。

____

____

心境探秘

不知道书上的答案是否解开了你的疑惑，下面我们做个小练习吧！

你认为健康心理都包括哪些状态，请写在下面大树的左边；你认为不健康心理又有哪些状态，请写在下面大树的右边，我们看看大家的认识一样吗？

健康心理　　　　不健康心理

接下来，田老师让大家说说身边的例子，一起来探讨以下案例中的情况到底算不算心理问题。

案例一

周旭开口说：“老师，我觉得我自己就有心理问题。”

“我小的时候父母就离开我去外地打工了，虽然我也知道他们打工是为了挣钱，为了给我更好的生活，但是在学校里，看到其他同学的爸爸妈妈来看他们，我还是有点嫉妒。

后来爸爸妈妈又把弟弟也送了回来，我心里就对他们更不满了。爷爷奶奶身体本来就不太好，他们还给爷爷奶奶增加负担。他们过年回来之后，给我和弟弟都买了新衣服、新文具，弟弟欢呼雀跃，我却高兴不起来。我很少跟他们说话，也不愿意理他们，弟弟就和他们很亲近。如果我的考试成绩不理想，他们就会训斥我，这样我就越发反感。虽然有时候我也想和他们亲近，但就是感觉亲近不起来。”

说完自己的经历，周旭问道：“老师，您说我这是不是有心理问题呢？”

同学们，你们觉得周旭的心理正常吗？谈谈你的感受。

____

____

对周旭的这种感觉，你有好的建议吗？

____

____

案例二

韩美也站了起来，“老师，如果周旭这个算，我觉得我也有心理问题。”

“我的家里原来一切都挺美好的，直到我弟弟的出生。我的爷爷奶奶特别重男轻女，据说因为我是女孩，我刚断奶，爷爷奶奶就整天催着我妈再生一个。我5岁的时候，弟弟出生了，家里那个热闹喜庆劲儿，比过年还热闹。

弟弟从小就受宠，不管是吃的，还是穿的，什么都是最好的。只要他不满意，就躺在地上打滚。

我特别讨厌他，从小就欺负他。他老是去告状，爷爷奶奶因为这个总训我，还打我。但是越是这样，我越要欺负他，明着不行，我就来暗的，变着法捉弄他。”

同学们，你们觉得韩美的心理正常吗？谈谈你的感受。

____

____

对韩美的这种心理体验，你有好的建议吗？

____

____

他俩说完以后，明川也站了起来，大家都看着明川，李宇凡说：“明川，你这么开朗，跟着凑什么热闹。”

案例三

明川说：“大家都觉得我挺阳光，可是我也有我的烦恼。我的烦恼来自学习。小学的时候，我的学习成绩还是可以的，虽然不是班级前几名，也还算不错，可是上了初中以后学习成绩就不行了，也不知道是从哪天不行的。我忽然就觉得学习好累，没意思。我特别喜欢打篮球，在操场上打球的时候浑身是劲儿，一回到教室坐下就光想睡觉。还有我喜欢打游戏，在游戏世界里我无所不能，有很多成年人都不如我玩得好。可一说到学习，我就头疼。就这样，学习成绩下滑得越来越厉害。我爸很少管我，我妈因为我的学习天天唠叨，他们没收过我的篮球，摔坏过我的手机。

后来中考时不出所料，我没考上高中，父母就让我上职业学校。本来我想上体校，专门打篮球，成为像姚明那样的NBA球员，他们不同意。我还看到有的中职学校有专门的电竞专业，他们也不同意我上，觉得玩游戏能玩一辈子吗？能有什么出息？

就这样，我不情愿地进了中职学校，学了他们让我读的专业，可是我的学习还是一塌糊涂。我也不是不想学习，就是一上课就犯困，一看书就头疼。”

明川的话说完，很多同学都低下了头。

同学们？你是否也有和明川一样的困惑。你觉得明川遇到的问题属于心理问题吗？

____

____

对于明川所说的问题，你是否有好的建议？

____

____

田老师：“刚才听了好几位同学分享自己的烦恼，我们也都进行了分析，同学们虽然有点小烦恼、小问题，不过这些都还算不上心理不健康，更谈不上心理疾病。”

小贴士

心理的不健康状态和我们身体的不健康状态有很多相似的地方，我们都知道，在健康和疾病之间，有一个亚健康状态。就是很健康的人，也难免会遇到感冒、发烧之类的小疾病。心理问题也是一样，是一个动态的、发展的、变化的过程。我们遇到的这些小问题，只要换个角度看，或者改变一下自己的想法，经过沟通，都是可以解决的，大家不要有太大的心理负担。

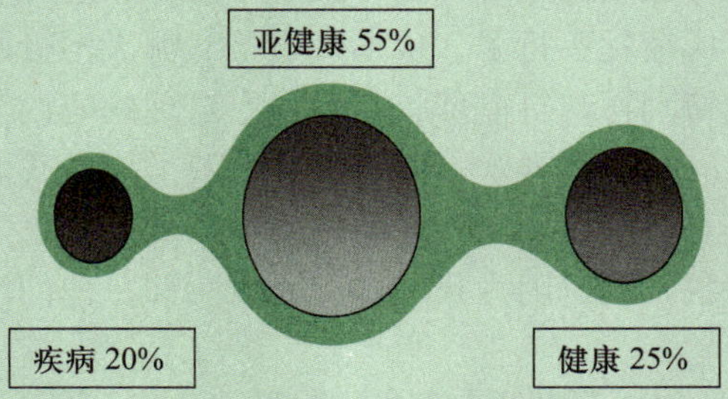

疾病、亚健康、健康人群的比例

心灵碰撞

下面的这些观点是否正确？请说出你的判断，并阐述原因。

1. 只要有心理问题，这个人就是精神病。
2. 只有性格内向的人才会心理不健康，性格外向的人都不会有心理问题。
3. 心理不健康是一件丢人的事情。
4. 心理不健康只有表现出来时才有必要去看医生。
5. 成功的人肯定不会有心理疾病。
6. 心理问题也有对错。
7. 如果偶尔出现了不舒服的心理和行为就是有了心理疾病。
8. 认为自己的一切都是好的就是自信。
9. 身体不健康不会引发心理不健康。
10. 心理疾病不会影响身体健康。

序号	判断对错	说明原因
1		
2		
3		
4		
5		
6		
7		
8		
9		
10		

结合上面的表格，谈谈你对心理健康的认识。通过小组讨论，看看你的认识是否正确以及大家对心理健康还有什么错误认识。（列出至少两条）

____

____

心海拾贝

经过今天的学习，你对心理健康有了哪些新的认识？在今后的学习中，你想解决自己在心理方面的哪些问题？请你写在下面。

写给自己的心里话：

心理测试

中学生心理健康诊断测验（MHT）①

【测验说明】

A. 这些测试题是调查你的心情和感受的，不是测验智力和学习能力的，与学习成绩无关，答案也没有好坏之分，请按照你平时所想的如实回答。

B. 回答方法。本测试每一问题都只有“是”和“否”两种可供选择的答案。

C. 请根据看完题后的第一反应进行作答，不要漏题，答案没有对错之分，不要有所顾忌。

【问卷项目】

1. 你夜里睡觉时，是否总想着明天的功课？　是□　否□
2. 老师在向全班提问时，你是否会觉得是在提问自己而感到不安？　是□　否□
3. 你是否一听说“要考试”心里就紧张？　是□　否□
4. 你考试成绩不好时，心里是否感到不快？　是□　否□
5. 你学习成绩不好时，是否总是提心吊胆？　是□　否□
6. 考试时，当你想不起来原先掌握的知识时，你是否会感到焦虑？　是□　否□

① 《心理健康诊断测验（MHT）》是华东师范大学心理系周步成对日本铃木清等人编制的“不安倾向诊断测验”修订而成的，包含了中国常模。

7. 你考试后，在知道成绩之前，是否总是放心不下？ 是□ 否□
8. 你是否一遇到考试，就担心会考不好？ 是□ 否□
9. 你是否希望考试能顺利通过？ 是□ 否□
10. 你在没有完成任务之前，是否总担心完不成任务？ 是□ 否□
11. 你当着大家的面朗读课文时，是否总是怕读错？ 是□ 否□
12. 你是否认为学校里得到的学习成绩总是不大可靠的？ 是□ 否□
13. 你是否认为你比别人更担心学习？ 是□ 否□
14. 你是否做过考试考坏了的梦？ 是□ 否□
15. 你是否做过学习成绩不好时，受到爸爸妈妈或老师训斥的梦？ 是□ 否□
16. 你是否常常觉得有同学在背后说你坏话？ 是□ 否□
17. 你受到父母批评后是否总是想不开，把批评放在心上？ 是□ 否□
18. 你在游戏或与别人的竞争中输给对方，是否就不想再玩了？ 是□ 否□
19. 别人在背后议论你，你是否感到讨厌？ 是□ 否□
20. 你在大家面前或被老师提问时，是否会脸红？ 是□ 否□
21. 你是否很担心叫你担任班干部？ 是□ 否□
22. 你是否总是觉得好像有人在注意你？ 是□ 否□
23. 在工作或学习时，如果有人注意你，你心里是否紧张？ 是□ 否□
24. 你受到批评时，心里是否总是不愉快？ 是□ 否□
25. 你受到老师批评时，心里是否总是不安？ 是□ 否□
26. 同学们在笑时，你是否也不会笑？ 是□ 否□
27. 你是否觉得到同学家里玩不如在自己家里玩？ 是□ 否□
28. 你和大家在一起时，是否也觉得自己是孤单的一个人？ 是□ 否□
29. 你是否觉得和同学一起，不如自己一个人玩？ 是□ 否□
30. 同学们在交谈时，你是否不想加入？ 是□ 否□
31. 你和大家在一起时，是否觉得自己是多余的人？ 是□ 否□
32. 你是否讨厌参加运动会和文艺演出会？ 是□ 否□
33. 你的朋友是否很少？ 是□ 否□
34. 你是否不喜欢同别人谈话？ 是□ 否□
35. 在人多的地方，你是否觉得很怕？ 是□ 否□
36. 你在参加排球、篮球、足球、拔河、广播操等体育比赛输了时，是否一直认为自己发挥不好？ 是□ 否□
37. 你受到批评后，是否总是认为自己不好？ 是□ 否□
38. 别人笑你的时候，你是否会认为是自己不用功的缘故？ 是□ 否□
39. 你学习成绩不好时，是否总是认为是自己不用功的缘故？ 是□ 否□
40. 你失败的时候，是否总是认为是自己的责任？ 是□ 否□

41. 大家受到责备时，你是否认为主要是自己的过错？ 是□　否□
42. 你在进行乒乓球、羽毛球、篮球、足球、拔河、广播操等体育比赛时，是否一出错就特别紧张？ 是□　否□
43. 碰到为难的事情时，你是否认为自己难以应付？ 是□　否□
44. 你是否有时会后悔，那件事不做就好了？ 是□　否□
45. 你和同学吵架以后，是否总是认为是自己的错？ 是□　否□
46. 你心里是否总想为班级做点好事？ 是□　否□
47. 你学习的时候，思想是否经常开小差？ 是□　否□
48. 你把东西借给别人时，是否担心别人会把东西弄坏？ 是□　否□
49. 碰到不顺利的事情时，你心里是否很烦躁？ 是□　否□
50. 你是否非常担心家里有人生病或死去？ 是□　否□
51. 你是否在梦里见到过死去的人？ 是□　否□
52. 你对收音机和汽车的声音是否特别敏感？ 是□　否□
53. 你心里是否总觉得好像有什么事没有做好？ 是□　否□
54. 你是否担心会发生什么意外的事？ 是□　否□
55. 你在决定要做什么事时，是否总是犹豫不决？ 是□　否□
56. 你手上是否经常出汗？ 是□　否□
57. 你害羞时是否会脸红？ 是□　否□
58. 你是否经常头痛？ 是□　否□
59. 你被老师提问时，心里是否总是很紧张？ 是□　否□
60. 你没有参加运动，心是否经常扑通扑通地跳？ 是□　否□
61. 你是否很容易疲劳？ 是□　否□
62. 你是否很不愿意吃药？ 是□　否□
63. 夜里你是否很难入睡？ 是□　否□
64. 你是否觉得身体好像有什么毛病？ 是□　否□
65. 你是否经常认为自己的身形和面孔比别人难看？ 是□　否□
66. 你是否经常觉得肠胃不好？ 是□　否□
67. 你是否经常咬指甲？ 是□　否□
68. 你是否经常舔手指头？ 是□　否□
69. 你是否经常感到呼吸困难？ 是□　否□
70. 你去厕所的次数是否比别人多？ 是□　否□
71. 你是否很害怕到高的地方去？ 是□　否□
72. 你是否害怕很多东西？ 是□　否□
73. 你是否经常做噩梦？ 是□　否□
74. 你胆子是否很小？ 是□　否□

75. 夜里，你是否很怕一个人在房间里睡觉？ 是□ 否□
76. 你乘车穿过隧道或高桥时，是否很怕？ 是□ 否□
77. 你是否喜欢夜里开着灯睡觉？ 是□ 否□
78. 你听到打雷声是否非常害怕？ 是□ 否□
79. 你是否非常害怕黑暗？ 是□ 否□
80. 你是否经常感到后面有人跟着你？ 是□ 否□
81. 你是否经常生气？ 是□ 否□
82. 你是否不想得到好的成绩？ 是□ 否□
83. 你是否会突然想哭？ 是□ 否□
84. 你以前是否说过谎话？ 是□ 否□
85. 你有时是否觉得，还是死了好？ 是□ 否□
86. 你是否一次也没有失约过？ 是□ 否□
87. 你是否经常想大声喊叫？ 是□ 否□
88. 你是否不愿说出别人不让说的事？ 是□ 否□
89. 你有时是否想过自己一个人到遥远的地方去？ 是□ 否□
90. 你是否总是很有礼貌？ 是□ 否□
91. 你被人说了坏话，是否想立即采取报复行动？ 是□ 否□
92. 老师或父母说的话，你是否都照办？ 是□ 否□
93. 你心里不开心，是否会乱丢、乱砸东西？ 是□ 否□
94. 你是否发过怒？ 是□ 否□
95. 你想要的东西，是否就一定要拿到手？ 是□ 否□
96. 你不喜欢的课，老师提前下课，你是否感到特别高兴？ 是□ 否□
97. 你是否经常想从高的地方跳下来？ 是□ 否□
98. 你是否无论对谁都很亲？ 是□ 否□
99. 你是否会经常急躁得坐立不安？ 是□ 否□
100. 对不认识的人，你是否会都喜欢？ 是□ 否□

【记分规则与结果解释】

（1）凡是选“是”得1分；选“否”得0分。

（2）整个问卷项目中的第82、第84、第86、第88、第90、第92、第94、第96、第98、第100，如果它们的得分合计起来比较高，则可以认为受测者是为了获得好成绩而作假的，所以测验结果不可信。在解释测验结果时，对高分的人需要特别注意，尤其是得分在7分以上者，可考虑将该份答卷作废，并在适当的时候重新进行测验。

（3）除去上述这些项目，将余下的全部问题得分累加起来，即可得到全量表分。全量表分从整体上表示焦虑程度，这种人在日常生活中有不适应行为，有的可能表现为攻击和暴力行为等，因而需要制订特别的个人指导计划。

A. **学习焦虑**（由第 1、第 2、第 3、第 4、第 5、第 6、第 7、第 8、第 9、第 10、第 11、第 12、第 13、第 14、第 15 项组成）：

高分（8 分以上）：对考试怀有恐惧心理，无法安心学习，十分关心考试分数。

低分（3 分以下）：学习焦虑度低，学习不会感受到困难，能正确对待考试成绩。

B. **对人焦虑**（由第 16、第 17、第 18、第 19、第 20、第 21、第 22、第 23、第 24、第 25 项组成）

高分（8 分以上）：过分注重自己的形象，害怕与人交往，与人交往会退缩。

低分（3 分以下）：热情、大方，容易结交朋友。

C. **孤独倾向**（由第 26、第 27、第 28、第 29、第 30、第 31、第 32、第 33、第 34、第 35 组成）：

高分（8 分以上）：孤独、抑郁，不爱与人交往，自我封闭。

低分（3 分以下）：好社交，喜欢寻求刺激，喜欢与他人在一起。

D. **自责倾向**（由第 36、第 37、第 38、第 39、第 40、第 41、第 42、第 43、第 44、第 45 项组成）：

高分（8 分以上）：自责，常怀疑自己的能力，常将失败、过失归于自己。

低分（3 分以下）：自信，能正确看待失败。

E. **过敏倾向**（由第 46、第 47、第 48、第 49、第 50、第 51、第 52、第 53、第 54、第 55 项组成）：

高分（8 分以上）：过于敏感，容易为一些小事而烦恼。

低分（3 分以下）：敏感性较低，能较好地处理日常事务。

F. **身体症状**（由第 56、第 57、第 58、第 59、第 60、第 61、第 62、第 63、第 64、第 65、第 66、第 67、第 68、第 69、第 70 项组成）

高分（8 分以上）：在极度焦虑的时候，会出现吐失、小失等明显状况。

低分（3 分以下）：基本没有身体异常表现。

G. **恐怖倾向**（由第 71、第 72、第 73、第 74、第 75、第 76、第 77、第 78、第 79、第 80 项组成）：

高分（8 分以上）：对某些日常事物，如黑暗等，有较严重的恐怖感。

低分（3 分以下）：基本没有恐怖感。

H. **冲动倾向**（由第 81、第 83、第 85、第 87、第 89、第 91、第 93、第 95、第 97、第 99 项组成）

高分（8 分以上）：十分冲动，自制力较差。

低分（3 分以下）：基本没有冲动。

【焦虑情绪所指的内容】

A. 学习焦虑

近年来，随着升学考试和就业考试的难度增加，学生和家长都很关心学习情况。例如，每天把学习放在心上，上课时一直不放心，担心被老师提问，一有考试就怕分数差而无法安心学习，这些就是学习焦虑的表现。用此内容量表来判断其强弱。

B. 对人焦虑

青少年时期，由于自我意识过强，不会与人交往，很怕生人，所以与他人讲话时，担心自己会不会脸红。受到教师或父母责备时，一直放在心上，并担心朋友也会背地里说自己的坏话，因而经常感到焦躁。此内容量表就是判断与他人接触时，对困难和失败的预感程度的指标。

C. 孤独倾向

被父母疏远的儿童、娇生惯养在家称大王在外懦弱的儿童、腼腆抑郁的青少年，都经常因孤独而烦恼。这类儿童和青少年，和大家在一起做某件事情时，由于技术差、经验不足，经常感到失败的威胁。因此，觉得和大家一起玩还不如一个人玩。这样就越来越不会和大家相处。当别人高兴地谈话时，就有一种我不仅不能参加，而且还被大家排挤的心理。这样恶性循环下去，最后只要是人们聚集在一起时，就会感到恐怖。既想加入伙伴当中，又想避免在伙伴面前失败，因而产生不安倾向。

D. 自责倾向

如打篮球、排球时，如果自己的队输了，有些儿童和青少年就认为是因为自己加入了才输的，一直把失败放在心上。在受到责备、打架或成绩不好时，常会认为是自己不好。这样，就对自己所做的事失去了信心。当发生不如意的事情时，不认为是他人的问题，而经常认为是自己不好，对自己所做的事有恐惧倾向，称为自责倾向。

E. 过敏倾向

感受性太强，就连小事都放心不下，行动受到严重损害的倾向，称为过敏倾向。对周围的噪声特别敏感，担心家中有人会受伤、生病或死亡，决定事情不果断，即使做了好事也感到烦恼。

F. 身体症状

当焦虑急剧袭来时，感到将会死去、呼吸困难、心跳加快、喘不过气、出虚汗、头晕、知觉异常。如果焦虑是慢慢产生的，就会心神不定，心跳异常，脉搏混乱，想呕吐、食欲不振，肚子痛或失眠等。这种身体上的症状是比较明显的，所以，过去也曾用于焦虑的诊断。本测验除了这种身体症状外，还包括身体某个部分是否有毛病、身体某个部分是否比别人难看、对身体缺陷不放心等，这些都能用身体症状的内容量表来测定。

G. 恐怖倾向

恐怖和焦虑通常是区别开来使用的。这里所说的是，客观上一点儿不需要恐惧，主观上也不知道为什么要恐惧，然而却抱有一种恐惧心理，这些称为恐怖倾向。例如，只要登上高处就怕得不能站立，无缘无故地恐惧黑暗、晚上开灯睡觉等，都是用来测定这种倾向的。

H. 冲动倾向

有时无缘无故地想大声哭、大声叫，或者一看到想要的东西，就一定要拿到手，毫无理由地想到远处去，或想死，这些称为冲动倾向。这种想干危险的事或愚蠢的事的观念，是因为内部具有焦虑倾向产生的。

心香一瓣

电影欣赏：《放牛班的春天》

电影《放牛班的春天》海报

影片介绍：1949年的法国乡村，音乐家克莱门特到了一所外号叫“塘低”的男子寄宿学校当助理教师。学校里的学生大部分都是难缠的问题儿童，体罚在这里司空见惯，学校的校长只顾自己的前途，管理方式残暴高压。

性格沉静的克莱门特尝试用自己的方法改善这种状况，他重新创作音乐作品，组织合唱团，决定用音乐的方法来打开学生们封闭的心灵。然而，事情并不顺利。

克莱门特发现学生皮埃尔·莫安琦拥有非同一般的音乐天赋，但是单亲家庭长大的他，性格异常敏感孤僻，怎样释放皮埃尔的音乐才能，让克莱门特头痛不已。

影片评价：《放牛班的春天》让我们在云雀般的童音中伤怀嗟叹、泪湿衣衫。敦厚纯良的音乐老师克莱门特用他宽广博爱的胸襟和美妙动听的音律抚慰着放牛班问题少年们饱受摧残的心灵，让一群被社会遗弃的孩子变成想唱就唱的天使，度过了“二战”刚刚结束那段艰难的岁月。

影片观后感：

____

____

____

心路历程

请你写下今天发生的三件好事以及好事的原因。

这些好事不是像升职、加薪、结婚、生子那样的大事，而是日常生活中常见的小事，比如读到一本自己一直想看的书，老师因为某一点表扬了你，你的好友今天过生日，甚至今天是一个晴朗的好天气，有一节自己喜欢的体育课，等等。

（这个环节对大家很重要，希望大家能用心去做，用心体会。）

序号	今天发生的好事	好事的原因
第一件好事		
第二件好事		

续表

序号	今天发生的好事	好事的原因
第三件好事		

我们认为一个人最充分地了解美好生活的方式是融入其中。

——艾里斯托弗·彼得森《积极心理学》

活动二 把握幸福魔方

正念行走

学习领域： 自知——走进心理世界	学习情境： 把握幸福魔方	
姓名__________ 班级__________ 日期____________________		

心情故事

上完第一节课，大家对什么是心理健康有了一定的了解。课下，大家看着田老师留下的讨论题目，开始议论纷纷。

明轩："你们说，田老师这是什么意思？"

众人："什么什么意思？"

明轩："田老师问我们，什么是幸福？你是否幸福？我们怎么不幸福啦？有吃有穿，有学上。"

李宇凡："幸福是个比较级。比如说你觉得你幸福，可你和你上高中的同学比你觉得幸福吗？"

周旭："那得看怎么说，我一看书就头疼，真要让我去上高中，我觉得那才痛苦呢。"

李宇凡："也对，真到了高中，如果学习跟不上，肯定幸福不起来。咱们在这里，学自己喜欢的专业和课程，我觉得还是蛮幸福的。"

周旭："不过，你们有没有觉得有时候特别没意思，我有时候就有这种感觉。

干什么都觉得没劲，我不觉得自己幸福。”

韩美：“本来我觉得自己还好，可是你这么一说，我也觉得自己不幸福啦。一想到要考试就不幸福，要是永远不用考试就幸福啦。”

赵娜拉：“切，要我说呀，我一看到别的女生穿得比我好，用得比我好，我就觉得不幸福。”

王雅静：“那是你的比较方式不对，你应该去比谁专业知识学得更好。”

赵娜拉：“那我岂不是更不幸福。”

铃……上课铃响了。

田老师走了进来，笑眯眯地看着大家：“同学们，咱们上节课留的讨论题，大家有什么想说的？”

大家七嘴八舌地说出了自己的想法。

田老师：“你幸福吗？这个问题本身就暗示着对幸福的两极看法：我们要么幸福，要么不幸福。其实呀，幸福不是一个终点，而是一个连续体。与其去想自己是不是幸福，不如问自己另一个问题‘我们怎样才能更加幸福？’幸福也是需要学习和经营的。无论你现在多么幸福，如果你不懂得经营，你可能会变得不幸福；但是不管你现在多么不幸福，经过你的努力和经营，你都可以变得幸福。或者说你现在本身很幸福，还可以变得更幸福。

大家想不想知道该如何努力和经营，让我们变得更幸福呢？”

众人：“当然啦！”

田老师：“那就让我们一起来看看吧。”

心境探秘

为什么铜牌选手比银牌选手更快乐？①

康奈尔大学著名心理学家托马斯·吉洛维奇（Thomas Gilovich）曾经和两名

① 彭凯平，闫伟．活出心花怒放的人生．北京：中信出版社，2020.

学生做了一项研究：请康奈尔大学的学生评价 1992 年巴塞罗那夏季奥运会各项比赛中获得奖牌的选手在冲过终点时和在领奖台上的情绪表现，给选手的表情打分，满分为 10 分，表情越开心，分数越高。结果他们发现，在比赛结果刚刚宣布时，银牌选手的平均得分只有 4.8 分，而铜牌选手的得分高达 7.1 分。在颁奖仪式上，铜牌选手的快乐表情有所收敛，但仍有 5.7 分，而银牌选手变得更不开心，表情变成了 4.3 分。统计分析的结果显示，铜牌选手与银牌选手的开心程度的差异在统计水平上十分显著。按照我们通常的理解，人们的开心程度应该与其成绩有对应关系。如果我们表现得好，成绩优越，我们会很开心；反之则不开心。按照这种逻辑，银牌选手应该比铜牌选手开心，因为他的成绩只是在一人之下，却在其他人之上。但是事实却正好相反。

大家觉得原因是什么？

____

____

这就是心理学上有名的社会比较理论，社会比较可分为上行比较和下行比较。上行比较就是在一个特定的指标上把自己与比自己强的人比较，我们平时说的“攀比”就是一种上行比较。下行比较就是选择不如自己的人进行比较。

银牌选手的思维肯定是往上比较，因为对于银牌选手而言，奖牌已经到手，他只要再努力一下，就一定可以获得金牌，所以，往上比较的反事实思维很自然。铜牌选手更可能运用的是下行比较，因为他差一点儿就可能是第四名，得不到奖牌，因此，下行比较就会让他产生幸运感，进而也会觉得自己更幸福。比较的方向不同，人的情绪受到的影响也就不同。

听了田老师的话，请你对一开始几位同学感觉到不幸福的原因用“上行比较”和“下行比较”的理论分析下吧。

____

____

漫画“知足常乐”

那我们如何正确地与别人比较呢？

第一，根据比较的目的，调整比较的方向。

为了提升自己的满足感和幸福感，我们可以选择向下比较，也可以避免比较。也就是说，当我们认为自己在特定领域的能力和表现比较差的时候，我们最好不要在这个领域进行上行比较。

比如刚才同学们提到的和自己上高中的同学相比，可能我们的学习成绩不如他们，那我们就不要和上高中的同学比成绩。

第二，改变比较的内容，建立多元化的比较体系。

由于各种原因，我们更愿意从财富角度去衡量幸福。但人类的成功和幸福其实有着多元化的指标。幸福不光是财富，还包括愉悦的体验、满意的关系、爱的感受、生活的意义等多种要素。

比如说现在让你和李嘉诚互换身份，你愿意吗？很多同学可能第一时间会回答愿意。但是你想过没有，李嘉诚已经是 90 多岁的老人了，你真的愿意换吗？

马斯洛理论把需求分成生理需求（Physiological Needs）、安全需求（Safety Needs）、爱和归属感需求（Love and Belonging Needs）、尊重需求（Esteem Needs）和自我实现（Self-actualization）5 类，依次由较低层次到较高层次排列。

通俗理解：假如一个人同时缺乏食物、安全、爱和尊重，通常对食物的需求是最强烈的，其他需求则显得不那么重要。此时人的意识几乎全被饥饿所占据，所有能量都被用来获取食物。在这种极端情况下，人生的全部意义就是吃，其他什么都不重要。只有当人从生理需求的控制下解放出来时，才可能出现更高级的、社会化程度更高的需求，如安全的需求。

这就是有些同学所说的，我们现在不缺吃、不少穿，为什么还是感觉不幸福。因为我们的生理需求得到满足了，我们就会追求更高层次的需求，我们生活在和平、富裕、强大的祖国，安全需求也得到满足，所以我们上升到了第三个层级——归属的需求，也就是渴望亲情和友情，尤其是在我们现在的年龄阶段，更多的是希望得到朋友和同学的认可和关注。正因为如此，亲密关系对我们的成长

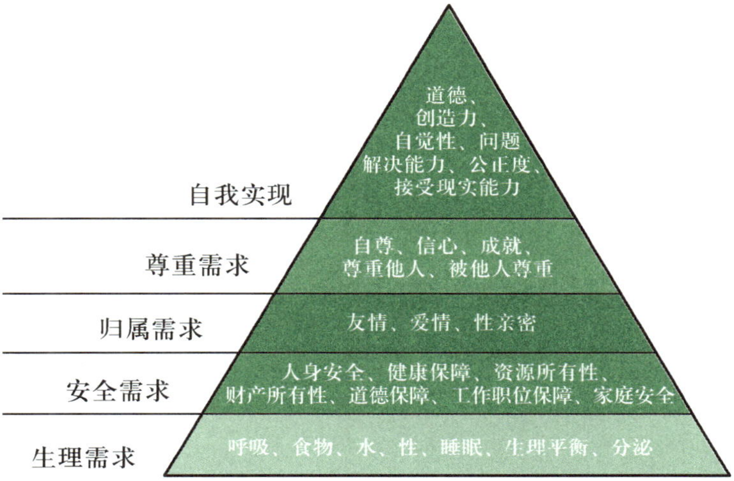

马斯洛的需求层次理论

尤为重要。

我们每个人都应该有更高的精神追求，它会改变我们的眼界，进而改变我们的心境，对自己所拥有的生活多一些感谢，少一些因比别人缺少某物而产生的焦虑，才能离幸福更近。

第三，改变比较的对象，做小池塘里的大鱼。

中国有句古话："宁为鸡头，不为凤尾"。心理学家赫伯特·马什（Herbert Marsh）和约翰·帕克（John Parker）于1984年提出一个有趣的理论，叫作"大鱼小池塘效应"（Big fish-Little Pond Effect），大鱼指的是那些特别优秀的人，小池塘就是和优秀的人相比较差的群体。

以学习成绩好的学生为例。如果他们将自己与那些学习成绩更好的人进行比较，那么他们就会有相对较低的和学业有关的自我评价；如果他们将自己与学习成绩较差的学生进行比较，他们的自我满足感就会提高很多。这就像一条大鱼在小池塘里显得很大，而在大海里反而显不出什么优势。

根据上面的理论，想一想我们在生活和学习中有哪些地方可以尝试利用上面的理论解决问题。

目前生活或学习中最困扰你的问题是什么？

____

你打算如何运用上面所学的理论解决以上问题？

____

____

心灵碰撞

田老师："首先请你想一想，哪些事情可以使你感觉更幸福？"

我们先来做个小游戏。

请大家写出你认为在你的生命当中重要的 10 件事情，比如金钱、亲情、友情等。

我认为生命当中最重要的 10 件事情

____

____

请你从中去掉 5 个

____

请你从中再去掉 2 个

____

请你从中再去掉 1 个

____

请你从中再去掉1个

____

请问你最后剩下的是哪个？

____

请问在这个过程当中去掉哪一个让你感觉很痛苦，为什么？写出你的感受。

____

____

这个游戏很多人做过，在做的过程当中很多人感觉非常痛苦，甚至有些人痛哭失声，不能自已。做完这个游戏之后，大家应该都会松一口气，我们再回头看看，你是否很庆幸，你所在意的、你认为生命当中最重要的东西依然还在。你觉得幸福了吗？

如果刚才那个游戏让大家感觉痛苦的话，下面我们来个轻松愉快的。

我们按照1 ~ 10给你的幸福画个坐标，如果一件事情让你感觉不到幸福，就为0；如果让你感觉有点幸福，就为2；感觉非常幸福，就为6；感觉特别幸福，就为8。给你的幸福涂上颜色，简单写上原因。

比如上小学的时候你考了100分，妈妈奖励了你一个吻，这种感觉是粉红色；7岁的时候你学会骑自行车，爸妈带你一起去郊游，这份幸福是绿色的；9岁的时候，你加入了少先队，那份雀跃是黄色的；12岁的时候，爸妈第一次带你去北京，看了升国旗，那种激动的心情是红色的。

我的幸福银行

通过对幸福事件的回忆，我们发现幸福的来源多种多样，什么样的人最幸福？

给孩子洗完澡的妈妈

刚完成一幅画的画家

把庄稼收回家的农民

……

这些人不论身份，不论地位，不论年龄，都有一个共同点：他们都在做事，做有意义的事。

据此，我们是否可以把幸福定义为做有意义的事情呢？

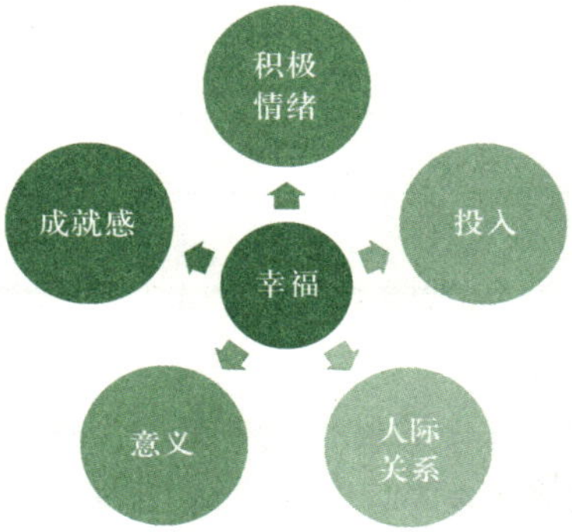

幸福的五个方面

心海拾贝

幸福魔方转转转

生活中难免会遇到让自己感觉不幸福的事，这个时候，要学会适当地调整自己的情绪，让幸福的魔方转起来，把不美好的事情转化成美好的事情！大家能不能举几个例子，说说自己是如何转换思维，让自己感觉幸福起来的。

明轩："每次我打球输了的时候，我就去看 NBA 比赛。"

小美："我遇到不开心的事就找我的好朋友去诉说。"

小明："我心情不好就找个没人的地方大哭一场。"

你呢？你会采用以上的方法吗？或者你有你自己的方法？

____

田老师：“好的，看来大家都懂得去调整自己的情绪。明轩采用的是转移调控法，把注意力从导致情绪不佳的事情上移开。如转移话题、做感兴趣的事情等，让情绪有个缓解的机会，让自己摆脱消极情绪的影响。小美采用的是倾诉法，把心里的不愉快、不开心告诉好朋友，或者自己信任的老师或长辈，以舒缓心理压力。小明用的是适度宣泄法，找一个合适的场所，用适当的方法将自己的消极情绪疏散出去，如跑步、大哭一场等。我小时候舒缓情绪的方法就是把不开心的事情写下来，然后写着写着自己就觉得无所谓了，就觉得不开心都随风飘散啦。”

除了刚才说的几种方法外，同学们肯定还能够找到更多的方法，让幸福回到我们的身边，下面我们就来一起填一填吧。

____

____

有句谚语说：“积极的人像太阳，照到哪里哪里亮；消极的人像月亮，初一十五不一样。”我们在日常生活中，肯定也是喜欢和积极乐观的人做朋友，其实，乐观不仅对身边的人有好处，对自己也是好处多多的，不信我们来看一下吧。

科学家在研究负面情绪和疾病之间的关系后发现乐观和我们的身体健康、生活满意度、未来发展等都有相关性，且大都是积极正面的相关性。

首先，乐观能让免疫系统更强健。

在与疾病抗争的过程中，乐观主义发挥着相当重要的作用。心理学家玛里达·福尼尔（Marijda Fournier）对800余名被试者进行回溯研究发现，乐观者的平均寿命比悲观者长19%。人的免疫系统与大脑相连，而心理状态又跟大脑的状态相关。有很多证据表明，当一个人感到抑郁时，其大脑的某些神经递质，如儿茶酚胺会变得匮乏，从而使得内啡肽（即身体制造的吗啡）的分泌增加。人体免疫系统在探测出内啡肽的水平增高时，就会减少自己的活动。如果一个人经常陷入悲伤等负面情绪，大脑内的内啡肽持续维持在较高水平，免疫系统的活力就会逐渐被消耗，而积极乐观的情绪能够提升免疫系统的活力。

其次，乐观能使人维持良好的健康习惯。

一项对100名哈佛大学毕业生的为期35年的长期追踪研究发现，悲观者比乐观者更不容易戒烟，且更容易生病。而乐观者习惯掌控自己的命运，更愿意积极采取行动（例如运动等）来保持健康，预防疾病。更健康的饮食与生活方式反过来也会让人身体更好、心态更积极。

再次，乐观的人拥有更多的社会支持。

每个人都喜欢和积极乐观的人交往，他们就像太阳，能将周围的人照亮。因此，跟悲观者相比，乐观者更容易获得深厚的友谊和爱情，尤其在遇到危机和遭受厄运时，朋友、亲人的安慰和鼓励会给他们更多战胜困难的勇气。最后，乐观的人离“好事”更近。

统计显示，一个人在某一段时间遇到的坏事越多，他就越容易生病。悲观者较少主动采取行动来避免不好的事，而且在事情发生后也较少采取行动来止损，因此，在他们身上发生不幸事件的概率比一般人高。而乐观者更多采用“以问题为中心”的策略来调整情绪、解决问题，在积极的心态、健康的生活方式、广泛的社会支持的综合影响下，乐观者比悲观者更容易远离坏事的侵袭。

心理测试

总体幸福感量表 GWB（中国版）①

总体幸福量表[General Well-Being Schedule（Fazio，1977）]是为美国国立卫生统计中心制定的一种定式型测查工具，用来评价受试对幸福的陈述。本量表共有 33 项，1996 年段建华对该量表进行修订，即采用该量表的前 18 项对被试进行施测。

以下问卷涉及到您最近对生活的感受与看法，无好坏之分，根据自己的真实情况和切身体验回答，并请您仔细阅读每道题目，选出相应的选项。

姓名:________　性别:________　年龄:________

职业:________　得分:________

*1. 你的总体感觉怎样（在过去的一个月里）？

好极了	精神很好	精神不错	精神时好时坏	精神不好	精神很不好
1	2	3	4	5	6

2. 你是否为自己的神经质或“神经病”感到烦恼（在过去的一个月里）？

极端烦恼	相当烦恼	有些烦恼	很少烦恼	一点也不烦恼
1	2	3	4	5

*3. 你是否一直牢牢地控制着自己的行为、思维、情感或感觉（在过去的一个月里）？

① 总体幸福感量表（GWB）是为美国国立卫生统计中心制订的一种定式型测查工具，用来评价受试者对幸福的陈述。

绝对的 大部分是的 一般来说是的 控制得不好 有些混乱 非常混乱
1 2 3 4 5 6

4. 你是否由于悲哀、失去信心、失望或有许多麻烦而怀疑还有任何事情值得去做（在过去的一个月里）？
极端怀疑 非常怀疑 相当怀疑 有些怀疑 略微怀疑 一点也不怀疑
1 2 3 4 5 6

5. 你是否正在受到或曾经受到任何约束、刺激或压力（在过去的一个月里）？.
相当多 不少 有些 不多 没有
1 2 3 4 5

*6. 你的生活是否幸福、满足或愉快（在过去的一个月里）？
非常幸福 相当幸福 满足 略有些不满足 非常不满足
1 2 3 4 5

*7. 你是否有理由怀疑自己曾经失去理智、或对行为、谈话、思维或记忆失去控制（在过去的一个月里）？
一点也没有 只有一点点 有些，不严重 有些，有些严重 是的，非常严重
1 2 3 4 5

8. 你是否感到焦虑、担心或不安（在过去的一个月里）？
极端严重 非常严重 相当严重 有些 很少 无
1 2 3 4 5 6

*9. 你睡醒后是否感到头脑清晰和精力充沛（在过去的一个月里）？
天天如此 几乎天天 相当频繁 不多 很少 无
1 2 3 4 5 6

10. 你是否因为疾病、身体的不适、疼痛或对患病恐惧而烦恼（在过去的一个月里）？
所有的时间 大部分时间 很多时间 有时 偶尔 无
1 2 3 4 5 6

*11. 你每天的生活中是否充满了让你感兴趣的事情（在过去的一个月里）？
所有的时间 大部分时间 很多时间 有时 偶尔 无
1 2 3 4 5 6

12. 你是否感到沮丧和忧郁（在过去的一个月里）？

所有的时间 大部分时间 很多时间 有时 偶尔 无

1 2 3 4 5 6

*13. 你是否情绪稳定并能把握住自己（在过去的一个月里）？

所有的时间 大部分时间 很多时间 有时 偶尔 无

1 2 3 4 5 6

14. 你是否感到疲劳、过累、无力或精疲力竭（在过去的一个月里）？

所有的时间 大部分时间 很多时间 有时 偶尔 无

1 2 3 4 5 6

*15. 你对自己健康关心或担忧的程度如何（在过去的一个月里）？

不关心 0 1 2 3 4 5 6 7 8 9 10 非常关心

*16. 你感到放松或紧张的程度如何（在过去的一个月里）？

松弛 0 1 2 3 4 5 6 7 8 9 10 紧张

17. 你感觉自己的精力、精神和活力如何（在过去的一个月里）？

无精打采 0 1 2 3 4 5 6 7 8 9 10 精力充沛

18. 你忧郁或快乐的程度如何（在过去的一个月里）？

非常忧郁 0 1 2 3 4 5 6 7 8 9 10 非常快乐

计分：按选项 0~10 累计相加，其中带 * 的选项为反向题。全国常模得分男性为 75 分，女性为 71 分，得分越高，主观幸福感越强烈。

心香一瓣

影片推荐：《美丽人生》

影片介绍： 该片讲述了一对犹太父子被送到纳粹集中营，父亲利用自己的想象力告诉孩子他们现在正在玩一个游戏，儿子一直以为这就是一场游戏，没有受到内心的伤害。

电影《美丽人生》海报

影片评价： 影片用黑色幽默的手法描述了圭多一家在纳粹集中营中的悲欢离合，展示了圭多对美丽人生的憧憬。导演想通过影片告诉所有真正热爱生活的人们，噩梦是暂时的，美丽的人生才是永远的。就算在集中营，圭多脸上也始终带着笑容。

影片观后感：

____

____

____

心路历程

从今天开始，每天记录三件让自己觉得幸福的事情，这些事情不是诸如考上满意的学校、乔迁新居等这样的大事，而是那些能够让自己感觉到幸福的小事儿，比如今天早晨吃到了自己满意的早餐，上午上课的时候你回答了问题，老师给了你一个微笑；下午上了一节自己喜欢的课等。我们先来记录一个星期，看看大家的感受如何。

日期	觉得幸福的三件小事					
	小事儿	原因	小事儿	原因	小事儿	原因
周一						
周二						
周三						
周四						
周五						

续表

日期	觉得幸福的三件小事					
	小事儿	原因	小事儿	原因	小事儿	原因
周六						
周日						

真正的幸福只有当你真实地认识到人生价值时，才能体会到。

——穆尼尔·纳素夫

话题二

自塑——追求卓越自我

活动三 发现全新自我

拥抱内在小孩

学习领域： 自塑——追求卓越自我	学习情境： 发现全新自我	
姓名__________ 班级__________ 日期____________________		

心情故事

上课铃响了，同学们坐在自己的座位上，心理老师田老师走进教室，笑眯眯地看着大家。

明川：“老师，我们今天讲什么？”

田老师：“今天讲‘我’。”

明川：“讲谁？”

田老师：“讲‘我’啊！”

田老师伸出右手，用大拇指指向自己：“今天讲的就是‘我’。”

韩美：“这是什么意思？”

田老师：“在一生中，陪伴我们时间最长的是谁啊？是父母？是朋友？是老师？都不是，是你自己，你将从出生到老去，都陪着自己。那你了解自己吗？”

韩美：“原来是这个意思啊，哈哈，今天我们要说自己。哎，雅静，你是个什么样的人？”

王雅静：“这个我想得不多。”

李宇凡：“我知道我自己。”

明川：“哦，宇凡，那你来说说。”

李宇凡：“我认真、执着，爱读书，尤其爱读历史书和人物传记。”

田老师：“大家觉得宇凡说得对吗？”

大家纷纷点头。“那谁还能说说对自己的了解？”

明川：“老师，我知道周旭是个什么样的人，他爱好打游戏。”

田老师：“知人者智，自知者明，可能我们想自己的时间都不如想别人多，那对自己多不公平啊！所以，我们今天就好好看看自己吧。”

心境探秘

田老师：“同学们，你们有没有这样的时候，当我闭上眼睛后，在自己的脑海里想自己长得什么样，就是想不起来？你们有没有闭上眼睛，觉得自己的脑海中就像有一个大屏幕，屏幕上会显现一幅幅画面？”

韩美：“对呀，有时候就是这样。”

田老师：“那大家能不能闭上眼睛，想一想自己是什么形象，用一张画描述出自己认识的自己，放飞你的想象力，你可以用任何形式来表现自己。例如，你可以把自己画成一棵树、一片云、一块石头等，只要你认为那是你。可以辅助文字加以说明。”

我的自画像

同学们热烈地讨论着各自的画像，你画的是什么？你当时是怎么想的呢？

____

____

当你画自画像的时候，有什么样的感受？

____

____

明川："刚刚画了自己，我觉得好有意思。我们可不可以说说自己呢？说说自己是什么样的人？自己小时候什么样，上小学什么样，上初中什么样？我迫不及待地想了解了解大家了。我可以先开始，算是抛砖引玉吧。"

周旭："好，你先说，说说你玩游戏不？"

明川："没问题，我们每个人都说实话，不说实话就罚他。"

同学们多想听明川的故事啊，于是答应着，让明川讲他的故事。

明川："大家好，我叫明川（大家笑），性格外向，爱好广泛，喜欢和别人打交道。刚上小学时我学习成绩还可以，到二年级转学来到了新的学校，学习就没有以前好了。初中刚开始时也可以，到初二又转学了，所以初三考试后，就到咱学校上了。我从幼儿园开始，就上的私立学校，转学过程中也是在私立学校。我妈说我上学花的钱可以买一辆好车了。我愿意和大家打交道，觉得在一块儿玩得特别开心。我的介绍完毕，谢谢！"

你认为明川是个什么样的人？听了他的介绍有什么感受？

____

____

明川说完了，指着李宇凡说："宇凡，你说说自己吧。"

李宇凡："让我想想啊……我性格比较内向，从小父母对我要求比较严，初中时我不想学习，觉得父母不理解自己；现在比较爱看书，觉得在看书的时候非常安静；我不太爱动，我希望以后有机会考上大学，这样我爸妈会很高兴。"

听了李宇凡的介绍，你有什么感受？

____

____

明川看了看周旭，喊道："周旭，该你了，你说呀！"

周旭挠挠后脑勺，嘿嘿一笑，说："我还没想好呢，没啥说的。"

田老师看同学们的介绍被打断，看着大家说："我看韩美同学性格就挺好的，爱说爱笑，韩美说说吧。"

刚刚还高高兴兴地和同学讨论的韩美，脸上的表情有一瞬间的凝固，然后说："老师，您是这样认为我的吗？我很快乐吗？我没觉得自己多好。虽然我平时爱说爱笑，可是我也有很多自己的烦恼，我能不说吗？"

同学们，听了韩美的话，你觉得她快乐吗？为什么？

____

____

韩美默默地从桌兜里拿出一个本子，递给了田老师。田老师一看是日记本，便小心地收了起来，她看了韩美一眼，说："谢谢韩美同学的信任，我回去再看。"

明川："韩美，你怎么了？刚刚还很高兴，现在就不高兴啦。你看我，一切都没问题。"

李宇凡："那是因为她不是你。"

田老师："是啊，每个人都是一个独立的个体。在人生的舞台上，我们都在扮演着自己的角色，我们都想扮演好自己的角色，但我们真的了解自己吗？我们有时候是不是会问自己，我帅吗？漂亮吗？聪明吗？快乐吗？"

我们时刻都在与自己相处，能够认识自己并能接纳自己，对自己的一生有非常重要的意义。中职阶段是人的自我意识发展的重要时期。自我意识是意识的一种，是作为主体的“我”对于自己以及自己与周围事物的关系，尤其是对人我关系的认识和态度。

自我意识也称自我，指的是个体对自己的各种身心状态的认识、体验和愿望。它具有目的性和能动性等特点，它对人格的形成、发展起着调节、监控和矫正的作用。

从内容上看，自我意识包含三方面的内容。

生理自我：指对自身身高、体重、容貌、身材、性别等的认识及生理病痛、温饱饥饿、劳累疲乏的感受等。

心理自我：指对自己知识、能力、情绪、兴趣、爱好、性格、气质等的认识和体验。

社会自我：指对自己的地位、角色及自己和他人相互关系的认识和体验。

每个人都有两个“我”，主观自我和客观自我，主观自我指自己对自己的认识，客观自我指我实际上是什么样的人。主观自我是客观自我在自己头脑中的主观映像。主观，是以“我”本位出发的，主观世界，其实就是“自我世界”。

如何认识和了解自己，我们可以尝试如下方法。

（1）和自己比较。我们可以通过与过去的自己比较，来认识现在的自己。不管我们目前在群体中的位置如何，如果相对于自己的过去是在进步，就值得庆贺。

（2）和他人比较。我们可以通过把自己与周围的同学做比较来认识自己，这是了解自己的一个重要途径。对于中职学生来说，主要是与同龄人比较，因为有相似的学习经历，可以相互交流与沟通，互相了解得比较透彻。通过比较，可以更客观地认识自己。

（3）自我反省。真正地思考这些问题，如：“我是个什么样的人？我的理想是什么？我的优势和不足在哪里？”把注意力投射到自己内心，对自己进行觉察，分析自己的心理状态，评价自己的个性，能够更深刻地认识自己。形成正确的自我评价的标准，从而更好地认识自我，塑造自我。

心灵碰撞

古希腊著名的思想家、哲学家、教育家苏格拉底曾经提出一个哲学命题：“我是谁？我从哪里来？我要到哪里去？”如果想明白这三个问题，我们的人生就活得明白多了。

曾经有人问过印度著名的哲学家泰戈尔三个问题：世界上什么最难？世界上

什么最容易？世界上什么最伟大？泰戈尔回答说：“认识自己最难。指责别人最容易。爱最伟大。”可见认识自己真的是一门很难的功课。

你认同以下的说法吗？为什么？

在这个世界上，每个人都是独一无二的。

人最大的智慧，就是认识自己。

自我认识是对自己存在状态的一种觉察。

越是无能的人，越是喜欢挑剔别人的错处。

我活着的价值高低，是由别人评判的。

心理学家告诉我们，除非我们确实喜欢自己，否则我们无法喜欢别人。你指挥不了自己，也指挥不了别人。迎合他人能获得认可吗？

静下心来，慢慢放松，想象自己躺在一片沙滩上，平静的海面上清风吹过，认真感受着温暖的阳光，微微的海风，听悦耳的海浪声不时响起，想象自己或踏浪，或奔跑，或读书，或思考，徜徉在这美好的情绪中，感受自己是什么样的心情？

____

____

请在5分钟内不断说出关于自己的一切，试试在纸上写出10个关于“我”的句子，不要有太多思考，想到什么就写什么。

我是个______________________________人。

我是个______________________________人。

我是个______________________________人。

我是个______________________________人。

我是个______________________________人。

我是个______________________________人。

我是个______________________________人。

我是个______________________________人。

我是个______________________________人。

我是个______________________________人。

心海拾贝

经过今天的学习，你认为认识自己重要吗？你对认识自己有了什么新的认识？在今后的学习中，你想解决自己的哪些问题？请你写在下面。

____

____

心理测试

自信心测试

请如实回答下列各题：

序号	题目	是	否
1	一旦你下了决心，即使没有人赞同，你仍会坚持做到底吗？		
2	参加集会时，即使很想上洗手间，你也会忍着直到集会结束吗？		
3	如果想买隐私物品，你会尽量邮购，而不亲自到店里去吗？		
4	你认为自己是个较完美的人吗？		
5	如果店员的服务态度不好，你会告诉他们的经理吗？		
6	你不常欣赏自己的照片吗？		
7	别人批评你，你会觉得难过吗？		
8	你很少对人说出你真正的意见吗？		
9	对别人的赞美，你持怀疑的态度吗？		
10	你总是觉得自己比别人差吗？		
11	你对自己的外表满意吗？		
12	你认为自己的能力比别人差吗？		

续表

序号	题目	是	否
13	在聚会上，只有你一个人穿得不正式，你会感到不自在吗？		
14	你是个受欢迎的人吗？		
15	你认为自己很有魅力吗？		
16	你有幽默感吗？		
17	目前的工作是你的专长吗？		
18	你懂得搭配衣服吗？		
19	危急时，你很冷静吗？		
20	你与别人合作无间吗？		
21	你认为自己只是个寻常人吗？		
22	你经常希望自己长得像某某人吗？		
23	你经常羡慕别人的成就吗？		
24	你会为了不使他人难过，而放弃自己喜欢做的事吗？		
25	你会为了讨好别人而打扮吗？		
26	你会勉强自己做许多不愿意做的事吗？		
27	你会任由他人来支配你的生活吗？		
28	你认为你的优点比缺点多吗？		
29	你经常跟人说抱歉吗？即使在不是你错的情况下？		
30	如果在非故意的情况下伤了别人的心，你会难过吗？		
31	你希望自己具备更多的才能和天赋吗？		
32	你经常听取别人的意见吗？		
33	在聚会上，你经常等别人先跟你打招呼吗？		
34	你每天照镜子超过三次吗？		
35	你的个性很强吗？		
36	你是个优秀的领导者吗？		
37	你的记性很好吗？		
38	你对异性有吸引力吗？		
39	你懂得理财吗？		
40	买衣服前，你通常先听取别人的意见吗？		

依下表计算你的分数：

题号	是	否	得分	题号	是	否	得分
1	是→1	否→0		21	是→0	否→1	
2	是→0	否→1		22	是→0	否→1	
3	是→0	否→1		23	是→0	否→1	
4	是→1	否→0		24	是→0	否→1	
5	是→1	否→0		25	是→0	否→1	
6	是→0	否→1		26	是→0	否→1	
7	是→0	否→1		27	是→0	否→1	
8	是→0	否→1		28	是→1	否→0	
9	是→0	否→1		29	是→0	否→1	
10	是→0	否→1		30	是→0	否→1	
11	是→1	否→0		31	是→0	否→1	
12	是→0	否→1		32	是→0	否→1	
13	是→0	否→1		33	是→0	否→1	
14	是→1	否→0		34	是→0	否→1	
15	是→1	否→0		35	是→1	否→0	
16	是→1	否→0		36	是→1	否→0	
17	是→1	否→0		37	是→1	否→0	
18	是→1	否→0		38	是→1	否→0	
19	是→1	否→0		39	是→1	否→0	
20	是→1	否→0		40	是→0	否→1	

结果说明

如果你的分数是 25 ~ 40，说明你对自己自信心十足，明白自己的优点，同时也清楚自己的缺点。不过，如果你得分将近 40 的话，别人可能会认为你很自大狂傲，甚至气焰太盛。你不妨在别人面前谦虚一点，这样人缘才会好。

如果你的分数是 12 ~ 24，说明你对自己颇有自信，但是你仍或多或少缺乏安全感，对自己产生怀疑。你不妨提醒自己，在优点和长处各方面并不输别人，特别强调自己的才能和成就。

如果你的分数是 11 以下，说明你对自己显然不太有信心。你过于谦虚和自我压抑，因此经常受人支配。从现在起，尽量不要去想自己的弱点，多往好的一面去衡量；先学会看重自己，别人才会真正看重你。

心香一瓣

美文欣赏：就是这个人

多年以前，美国从事个性分析的心理专家罗伯特·菲力浦，在自己的办公室接待了一个流浪汉。这个流浪汉曾自己开办企业，但因管理不善企业破产倒闭而负债累累、妻离子散。流浪汉进门拿出一本书说："我来这儿，想见见这本书的作者。"罗伯特看到流浪汉拿出的《自信心》，正是他多年前写的。那个流浪汉继续说："我本来想跳进密歇根湖，了此残生。命运之神把这本书送到了我的手上，使我有了新的想法，为我带来了勇气及希望。我相信只要见到这本书的作者，他一定会让我再度站起来，现在我来了。"

在流浪汉说这句话的时候，罗伯特从头到脚认真仔细地打量了他——茫然的眼神、沮丧的皱纹、很多天未刮的胡须和紧张的神情，还有一副憔悴的身躯以及一套脏兮兮的衣服，让罗伯特感觉到这个流浪汉真的已无药可救。罗伯特不忍心再用言语去刺激他，于是，便给他端来凳子，请他坐了下来，好好把自己的故事完完整整地讲出来……

待这个流浪汉一把鼻涕一把泪地讲完自己的人生过往，罗伯特考虑良久，对他说："虽然我没有办法帮你，但如果你愿意，我可以引荐你去本大楼见一个人，也许，他能帮助你重新站起！"罗伯特刚说完，流浪汉立刻跳起来说："看在老天爷的份儿上，请带我去见这个人。"

在罗伯特的引导下，流浪汉和他一起来到了心理实验室，并同他一起站在了一块看起来像是挂在门口的窗帘布前，罗伯特轻轻地把窗帘布拉开，一面大镜子呈现在两人眼前，流浪汉的形象一览无余。罗伯特用一只手指着镜子里的流浪汉说："就是这个人，在这个世界上，只有他才可以让你重新站立起来！除非这个人可以彻底认清他的本来面目，否则，他只能跳进密歇根湖！因为，在你对镜中这个人做出充分认识之前，对于你和这个世界来说，这个人都是一个毫无用处的废物！"

流浪汉朝着镜子向前走了几步，边走边用手摸了摸他那长满胡须的脸颊，认真看了看镜子里的那个人几分钟，然后后退了几步，低下头去，坐在凳子上痛哭起来。过了一会儿，罗伯特把他送了出去。

几天后，罗伯特在街上碰到了这个人，只见他西装革履，步伐强健，昂首挺胸。现在的他已不再是一个流浪汉形象，他对罗伯特说："是您让我又找到了自己，重拾了自信，并很快找到了新的工作。"

若干年后，这个昔日的流浪汉，成为了芝加哥的富翁。

电影欣赏：《我是谁》

电影《我是谁》海报

影片介绍： 三名科学家在非洲大陆发现了一种神秘的矿石，这种矿石具有极强的杀伤力。就在这三名科学家携带矿石返回的途中，美国中央情报局派出了由 11 名来自不同国家的特种兵组成的特别行动小队，将科学家和他们的成果劫持了。

情报局内部出现了内鬼，想把这一成果据为己有。他命令负责接应的飞行员制造了一次空难，以此来杀人灭口和掩饰其已夺取了成果。特别行动小队几乎全军覆灭，只有队员杰克（成龙 饰）侥幸逃生。

当杰克被当地的土著救活时，他因剧烈的碰撞而丧失了所有记忆，自己的名字、来历通通都一无所知。他逢人只会问“我是谁”。为了查明自己的身世，杰克回到了纽约。

影片评价： 我是谁？很多人在迷失的时候都会问自己这个问题！在这部打斗精彩的电影中就表达了这样的一个人生哲理问题，而且表达得也很到位，这部电影是商业味道和人性探索的完美结合。

影片观后感：

____

____

____

心路历程

人最困难的事情就是认识自己，认识自己是一个漫长的过程，用自己的眼睛看，用自己的心来想，用自己的笔来记录。下面就请大家用一周的时间，详细观察自己，通过具体事件，悉心感受自己当时遇到这件事情时内心的感受，从而分析自己是个什么样的人。（事件和感受本身没有好坏之分，不要对自己全盘否定，忠实记录即可。）

日期	事件	感受	自我认识

知人者智，自知者明。胜人者有力，自胜者强。

——老子

活动四 创造更好自我

悦纳自己

学习领域： 自塑——追求卓越自我	学习情境： 创造更好自我	
姓名＿＿＿＿＿＿ 班级＿＿＿＿＿＿ 日期＿＿＿＿＿＿＿＿＿＿＿＿＿＿		

心情故事

赵娜拉："雅静，你听说了没有，老师把韩美的日记本还给她了。"

王雅静："听说是的。"

赵娜拉："也不知道韩美怎么了，把日记本给老师了。"

王雅静："不太清楚，不过老师和韩美谈过了，应该没什么问题了吧。"

这时候，田老师走进来，马上要上课了，同学们看着田老师，田老师对着韩美说："怎么样，准备好了吗？"

韩美说："嗯，准备好了。"

韩美站起来，同学们马上看向她，她笑了笑，说："同学们，我想介绍一下自己。我是一个性格外向的人，爱说爱笑，也喜欢唱歌跳舞。我爸妈特别忙，整天顾不得管我，我从小跟着自己的爷爷奶奶长大，直到小学三年级，才回到自己家。我有一个弟弟，一直跟着爸爸妈妈，他很受宠，所以我一点儿也不想到我家去，我觉得那不是我家，是我弟弟的家。我爸妈也对我好，可我觉得他们把我从小扔到奶奶家，根本就不爱我。我弟比我小5岁，整天找我事，我很烦他。在同学们面前我很快乐，但在我爸妈面前，我很少说话，没人的时候，我觉得自己很孤独难过。不过现在，我真的感觉好多了，理解了爸妈的不易，也看到了我弟对我的依赖，不再那么难受啦。”

听了韩美的这番话，你有什么感受？

____

____

同学们听了韩美的话，纷纷鼓起掌来，韩美脸红红的，看得出来她很激动。田老师站在讲台上，含笑看着大家，待大家安静下来，她说：“感谢韩美同学的分享，同学们的反应也说明了同学们很喜欢她。征得她的同意，对她的事情我稍加评论。她的成长过程有点小小的特殊，虽然和父母同在一个城市，却体验了留守儿童的成长历程。她成长得很好，却不愿接纳自己的这一部分，不接纳自己被留守，不接纳自己的爱被剥夺，所以她对父母是有怨恨的。我们谈了之后，她现在已经能把自己的经历说出来，这就是一个极大的进步，相信她会越来越好，和父母的关系也会越来越好。这也是我们今天要讲的内容——悦纳自己。因为只有悦纳自己，接受自己的不完满，我们才能不断创造更好的自己。”

心境探秘

王雅静：“我也想和大家说说我，我小学一直学习很好，到初中初二之前学习也都不错，在心里我是想上大学的。可是，到了初二下半年，我得了一场大病，回来后课怎么跟也跟不上，毕业了只能来职业学校。说实在的，我真的一直希望上高中考大学，这些天来也一直纠结矛盾，我该怎么办啊？”

听了王雅静的话，你想对她说什么？

____

____

赵娜拉："我不希望自己过普通人的生活，我希望自己能有钱，这样可以做想做的事情，追我自己喜欢的明星，我可喜欢她了，希望能参加她的明星见面会。甚至我希望自己将来也能够成为在舞台上光彩夺目、熠熠生辉的大明星，受万人追捧。"

你认为赵娜拉的想法有错吗？如果你对她说一句话，你想说什么？

____

____

田老师："同学们都说了自己的想法，这些想法是不是有一个共同点，就是不想要自己拥有的某一点，不想过现在的生活，那怎么样才能达到这个结果呢？我也有一个学生的经历分享给大家。"

"李丽曾经是我的学生，担任班里的副班长。自入学以来，性格直爽、待人热情的她积极参加班内的各种活动。班里每天有一节课的演讲活动，她是其中的佼佼者；她还代表学校参加省级演讲比赛并获得二等奖；学校各类活动的主持人中常常有她的身影。吐字清晰，语言幽默，台风落落大方，让她获得了同学们的认可。马上要实习了，到哪里去工作成为她的头等大事，她多么希望能在市里成为一名公职人员啊！她认真准备，一次一次参加考试，但很遗憾，每次都差一点点。时间很快过去了两年，父母很着急，听说县里电视台要招聘两名工作人员，小丽也符合条件，便给她报了名。不太情愿的小丽，在犹豫了两天后，还是接受了。她认真准备，积极备考，笔试考了第二名，在几百人的应考者中脱颖而出。参加面试时，因为在学校丰富的主持经验，她沉着应对，进退得当，成绩优异。最后，她成为了一名播音员。"

李丽的故事给你什么启发？

____

____

李丽在就业过程中，为什么放弃了自己的坚持，转而报考了播音员？

____

____

在就业的过程中，李丽在学校的经历重要吗？李丽的特长对就业起到了什么作用？

____

____

自我接纳，是指个体对自我及其一切特征采取一种积极的态度，简言之，就是能欣然接受现实自我的一种态度。自我接纳包含两个层面的含义：一是能确认和悦纳自己身体、能力和性格等方面的正面价值，不因自身的优点、特长和成绩而骄傲；二是能欣然正视和接受自己现实的一切，不因存在的某种缺点、失误而自卑。自我接纳是个体心理健康的一项重要标准。

接纳自己，包括自己的优点和缺点。找到自己的优点，转变为自己的优势，让自己的生活少一些遗憾和纠结。回忆一下你身边那些散发着自信魅力的同学或朋友，她可能没有出众的容貌，却可以自信地接受异性投来的目光；他可能没有出色的口才，却可以站在公众场合自信地发言；他可能来自偏远的贫困农村，却可以自豪地谈论自己的家乡和童年的趣事……他们并不拥有令人羡慕的家庭背景和出众的才能，但为什么生活得那么轻松和自信呢？答案很简单，自卑的人接纳自己是有条件的，而自信的人接纳自己则是无条件的。

人生好比是一艘船，优势就好比船上的风帆，而劣势（缺点）就好比是船上的破洞。只有发挥优势，这艘船才能够扬帆启航，在大海里乘风破浪，没有风帆的船只能随波逐流。劣势也就是船上的破洞，只是破洞也分为致命性破洞（船底、船身上的破洞）和非致命性破洞（如船舷上的破洞），那些致命性的破洞我们需要修补好，而非致命性的破洞无视它即可。所以，只有发挥我们天生的和后天培养的优势，我们才能够实现人生的意义和目标。

心灵碰撞

1940 年，著名心理学家荣格在《儿童原型心理学》一书中，首次提出了“内在小孩”这个概念。荣格认为我们每个人心里都有一个内在小孩，这个小孩就是我们内心未成长、未安抚好的部分。爱自己或许并不容易，尤其是当童年的你并没有多少这样的体验。但最重要的是，我们所有人都应该学会做自己最好的朋友、父母及爱人。你可以牵着内在小孩的手，全心全意地爱他。你可以做那个他从来都没能拥有的人，告诉他你深深地看见、听见他，告诉他你有多爱他。你可以告诉他你明白他曾经受了多少苦，你很难过。

你认同以下的说法吗？为什么？

1. 一个人要真正拥有自信，接纳自己，首先要突破“狭隘比较”的心理障碍。
2. 每个人都有巨大的潜能，都有自己独特的个性和长处。
3. 自信和自卑有时只有半步之遥。
4. 解决自卑的问题，唯一的方法就是直面内心里那些自己不愿承认的阴暗面。
5. 苦和甜来自外界，坚强则来自内心。
6. 我们欣赏别人的成功和失败。
7. 问题本身也许不是问题，关键在于你怎样看待它。
8. 如果我具备了足够多的外部条件，想不成功都难。

准备一面镜子，放在自己面前，静静地注视镜子中的自己，看看镜中的你，哪些是自己想接受的，哪些是不想接受的，写下来。想接受的，哪些可以不断地提高？不想接受的，哪些可以改变？哪些不能改变？改变可以改变的，接纳不能改变的。

照完镜子后，你有什么想对自己说的？

____

____

多元智能理论

20 世纪 80 年代，美国著名发展心理学家、哈佛大学教授霍华德·加德纳博士提出多元智能理论，二十多年来该理论已经广泛应用于欧美国家和亚洲许多国家的幼儿教育上，并且获得了极大的成功。霍华德·加德纳博士指出，人类的智能是多元化的而非单一的，主要是由语言智能、数学逻辑智能、空间智能、身体运动智能、音乐智能、人际智能、自我认知智能、自然认知智能 8 项组成，每个人都拥有不同的智能优势组合。

（1）语言智能（Linguistic Intelligence） 是指有效地运用口头语言或及文字表达自己的思想并理解他人，灵活掌握语音、语义、语法，具备用言语思维、用言语表达和欣赏语言深层内涵的能力，并结合在一起运用自如的能力。适合的职业是：政治活动家、主持人、律师、演说家、编辑、作家、记者、教师等。

（2）数学逻辑智能（Logical-Mathematical Intelligence） 是指有效地计算、测量、推理、归纳、分类，并进行复杂数学运算的能力。这项智能包括对逻辑的方式和关系、陈述和主张、功能及其他相关的抽象概念的敏感性。适合的职业是：科学家、会计师、统计学家、工程师、电脑软件研发人员等。

（3）空间智能（Spatial Intelligence） 是指准确感知视觉空间及周围一切事物，并且能把所感觉到的形象以图画的形式表现出来的能力。这项智能包括对色彩、线条、形状、形式、空间关系很敏感。适合的职业是：室内设计师、建筑师、摄影师、画家、飞行员等。

（4）身体运动智能（Bodily-Kinesthetic Intelligence） 是指善于运用整个身体来表达思想和情感、灵巧地运用双手制作或操作物体的能力。这项智能包括特殊的身体技巧，如平衡、协调、敏捷、力量、弹性和速度以及由触觉所引起的能力。适合的职业是：运动员、演员、舞蹈家、外科医生、宝石匠、机械师等。

（5）音乐智能（Musical Intelligence） 是指人能够敏锐地感知音调、旋律、节奏、音色等的能力。这项智能对节奏、音调、旋律或音色的敏感性强，与生俱来就拥有音乐的天赋，具有较高的表演、创作及思考音乐的能力。适合的职业是：歌唱家、作曲家、指挥家、音乐评论家、调琴师等。

（6）人际智能（Interpersonal Intelligence） 是指能很好地理解别人和与人交往的能力。这项智能是善于察觉他人的情绪、情感，体会他人的感觉感受，辨别不同人际关系的暗示以及对这些暗示做出适当反应的能力。适合的职业是：政治家、外交家、领导者、心理咨询师、公关人员、推销人员等。

（7）自我认知智能（Intrapersonal Intelligence） 是指自我认识和具有自知之明并据此做出适当行为的能力。这项智能是能够认识自己的长处和短处，意识到自己的内在爱好、情绪、意向、脾气和自尊，喜欢独立思考的能力。适合的职业是：哲学家、政治家、思想家、心理学家等。

（8）自然认知智能（Naturalist Intelligence） 是指善于观察自然界中的各种事物，对物体进行辨论和分类的能力。这项智能有着强烈的好奇心和求知欲，有着敏锐的观察能力，能了解各种事物的细微差别。适合的职业是：天文学家、生物学家、地质学家、考古学家、环境设计师等。

心海拾贝

每个人来到世上，都希望自己能创造出辉煌的成就，希望得到别人的欣赏与掌声。但并非每个人都能在人生舞台上神采飞扬地展现自己。或许没有人给你鼓掌，没有人关注你，但你可以伸出双手，为自己鼓掌！用下面的句式写一写，并大声读出来。

我为自己感到自豪，因为____。

我为自己感到自豪，因为____。

我为自己感到自豪，因为____。

我为自己感到自豪，因为____。

我为自己感到自豪，因为____。

我为自己感到自豪，因为____。

我们要善于发挥自己的优势，那么我们如何发挥自己的优势呢？

1. 换一种新方式发挥优势

将自己在一个领域所具有的优势换到另一个领域、另一种情景去发挥。比如你的优势是有创造力，你可以尝试搞一些小发明、小创造。再比如你的优势是幽默，可以尝试将老师讲的知识展开天马行空的想象和联想，这样更便于记忆。

2. 在劣势场景中如何发挥优势

在生活中，我们有时候经常要面对自己不喜欢、不擅长，但是又不得不做的事情。这个时候我们可以采用两种办法：

一种叫优势充电。就是将你不喜欢、不擅长的事情和你喜欢、擅长的事情交叉去进行。比如你不喜欢学数学，但是你喜欢看书。你可以学一个小时数学，看一个小时书，将两者交替进行。把你在做劣势任务（学数学）时消耗的心理能量通过做你喜欢的事情（看书）及时补充回来。

另一种是用优势把你不喜欢做的事情变成喜欢做的事情。有一个笑话，说是有一位老人不愿意去养老院，家人怎么说都不行。后来家人想到一个办法，和养老院联合，给老人发了个聘书，聘任老人为养老院副院长，结果老人高高兴兴地在养老院发挥余热，还特别尽职尽责。

3. 优势对话

在上节课中，我们让大家尝试进行了积极自我描述，同学们之间都互相了解了自己和小组间成员的优势，大家通过以后的活动，都来发挥自己的优势，团队协作，形成合力。

我的标志性优势	如何在新的场景、用新的方法发挥自己的标志性优势
例：爱	说出来：对爸爸妈妈说“我爱你们”。 写出来：给爸爸、妈妈做个礼物，告诉他们“我爱你”。 做出来：给爸爸妈妈一个拥抱，给爸爸妈妈做一顿早餐，陪爸爸妈妈看一场电影，和爸爸妈妈玩一个游戏……
例：善良	颜施：对人微笑、和人打招呼、帮人开门。 助人惊喜：出乎别人意料地帮助他人。
例：欣赏	欣赏：注意身边环境美——自然、建筑、音乐。 注意身边的人，他们有什么样的优势，他们的优势对我有什么样的影响。

心理测试

VIA 人格力量测试

可通过扫描二维码完成心理测试，建议在一个小时内完成，选项没有对错、好坏之分；请最大程度地放松下来，选出真实地反映了你的实际情况的选项。

心香一瓣

电影欣赏：《玛丽和马克思》

影片介绍：影片讲的是关于接纳自己的怪异却暖心的纯真故事。影片里，每个人的内心都住着一份孤独。在仓库玩鸟类标本的玛丽爸爸、日夜酗酒的玛丽妈妈、马克思幻想出来的虚拟朋友——拉维奥利先生。马克思的心理医生跟他说，如果他生活在一个孤岛，他就要适应一个人的生活，只有椰子和他。他必须接受他自己，他的全部，他的所有不能改变的缺点。就像心理医生说的，我们无法选择肤色、五官、基因和家庭，但这些因缘，却是我们生活的一部分，甚至是我们存在的基础，成为我们与这个世界互动的接口，而我们必须学会适应我们自己。因为没有这个

电影《玛丽和马克思》海报

身体，也就不存在这个与世界交互的界面，我们也就不存在了。

影片评价：这是一部关于友谊、关于自我救赎的电影。我们每个人都渴望完美，都在追求完美的路上一路寻找，一路狂奔。我们渴望别人的认同和理解。虽然我们都知道自己有无数缺点，这造成了我们的自卑。能够认识到自己的缺点，甚至是缺憾，但却能够勇敢去面对，才能得到真正的救赎。

影片观后感：

____

____

____

心路历程

积极自我介绍

以故事的形式讲述你的最佳时刻，可以是你获得了某项成就，也可以是你的一项美德，比如你帮助了别人，激励了别人，在诱惑面前坚守了自己的原则，在压力之下能够坚持不懈地努力，在讲完最佳时刻的故事后，问问自己这个故事体现了自己什么样的优势。除了写下来之外，最好能跟别人面对面地交换一个积极自我介绍故事，并且相互总结。

你觉得这个故事体现了你自己什么样的优势？

____

____

____

和同学互相交换积极自我介绍故事后，同学给你的评价认为故事体现的你的优势和美德是什么？

____

____

世界上只有一种英雄主义，那就是了解生命而且热爱生命的人。

——罗曼·罗兰

活动五 不断超越自我

时间管理

学习领域： 自塑——追求卓越自我	学习情境： 不断超越自我	
姓名＿＿＿＿＿＿ 班级＿＿＿＿＿＿ 日期＿＿＿＿＿＿＿＿＿＿＿＿＿＿		

心情故事

新闻联播时间，当职教改革的新闻播放完后，激起了同学们一轮热情的讨论。

李宇凡："以后我们可以考大专、上大学了，太好了，我今后学习更有方向了！"

周旭："上咱这样学校的学生越来越多，分数会不会越来越高，你说我们能考上吗？"

明川："没问题，好好学就能考上。周旭，你要是一直玩游戏，那可能就真考不上了。"

周旭挠了挠自己的头发，嘿嘿一笑，说："平时拿不到手机，玩什么游戏啊！大家以后想干什么？"

赵娜拉："我以后要当影、视、歌'三栖明星'，在舞台上光彩夺目、熠熠生辉。要住别墅、开豪车。"

李宇凡："我以后一定要考个好的大学，将来研究历史、研究历史人物，写几本人物传记。”

王雅静：“我也想考个满意的大学，将来成为一个白领。”

明川：“我将来要做个职业篮球运动员，去 NBA 打球。或者做个职业电竞选手，代表国家去参加国际比赛，拿金牌，为国争光！”

田老师：“同学们讨论得这么热闹，看起来每个人都有自己的梦想和追求了。那我们要怎么做才能够实现我们的梦想呢？”

明川：“好好学习，天天向上！”

明川的话让大家哄堂大笑。

田老师：“我相信大家肯定认同明川的话，但是仅仅如此就能实现我们的梦想了吗？”

大家陷入了沉默。

田老师：“那我们今天就来探讨下心理学如何帮助大家实现梦想吧。”

心境探秘

田老师：“进入职业学校，你有过什么打算？你目前最想做的事儿是什么？可以给自己许个愿。我还是先来给大家讲一个咱们的优秀毕业生的故事吧。”

“咱们这儿有一位毕业生叫王刚，毕业 10 年后他回来做优秀毕业生的报告。他当时学的是畜牧兽医专业，在学校学习了 3 年后，由学校联系应聘到了一个规模很大的养猪场，担任技术人员。虽然他努力工作，但生产中遇到的有些问题得不到最好的解决，知识储备不足一直是他的一个心结。在工作两年后，正好有一个到中国农业大学学习的机会，他积极地争取并得到了这个机会。

面对这难得的机会，王刚如饥似渴地学习。一年间他没有出去游玩过，不是在实验室就是在图书馆，抓紧分分秒秒，刻苦努力，以至于他认为如果当初他这样学习，一定会考上最好的高中，升入大学。在中国农业大学学习期满后，他应聘到了北京的一家动物医院。

在动物医院，他凭借过硬的技术，很快就得到了认可，受到了重用。有了可观的收入、稳定的工作，王刚的生活越来越好。可是，王刚心中还有一个梦想，那就是回到家乡，回报乡里。于是，在北京工作 5 年后，他放弃了北京的高薪工作，回到了家乡，开办了自己的动物医院。他靠精湛的技术、严格的管理、周到的服务，当年便实现了收支平衡。第二年，动物医院有了稳定的客户来源，已经开始盈利。”

王刚的经历给了你什么启发？

____

____

王刚的什么特点最可贵？

____

____

李宇凡：“我一直想去上大学，现在一想到我妈妈失望的眼神，我就特别难受；想想我初中时学习不够努力，也觉得很后悔，所以，我要考上大学。专门研究历史，这是我的梦想。”

听了李宇凡的话，你有什么感悟？

____

____

周旭：“我还没想好，想考大学，觉得考不上，又不想就业，活在当下吧。”

你认可周旭的话吗？

____

____

在这儿说的“活在当下”是什么意思？

____

____

赵娜拉：“我不想考学，想就业，找一个能实现自己梦想的地方，比如去横店，哪怕当个群众演员。我的偶像赵丽颖也是职业学校毕业的呢，她能行，我为什么不行。”

你同意赵娜拉的话吗？为什么？

____

____

什么样的工作是好工作呢？

____

____

田老师：“刚刚大家说了自己的梦想，哈佛大学 1953 年曾经做过一个关于目标对人生结果影响的调查。调查对象是一群智力、学历、环境、条件都相差无几的学生，在他们走出校门之前，哈佛大学对他们进行了调查。结果是这样的：

27% 的人没有目标；60% 的人目标模糊；10% 的人有清晰但比较短期的目标；3% 的人有清晰且长期的目标。

25 年后，哈佛大学再次对这群学生进行了跟踪调查，结果是这样的：

3% 有清晰而且长远的目标的人，一直朝着同一个方向努力，成为社会各界的顶尖成功人士，他们中不乏白手创业者、行业领袖、社会精英。

10% 有清晰但比较短期的目标的人生活在社会的上层，他们的短期目标不断达成，成为行业专业人士，有很好的工作，比如医生、律师、公司高级管理人员等。

60% 目标模糊的人生活在社会的中层或下层，尽管能够安稳地生活，但是没有取得什么成绩。

27% 没有目标的人生活在社会底层，生活得十分不如意，不断抱怨社会和他人，经常失业，家庭也不幸福。

心灵碰撞

每个人都要树立自己的目标，这样我们才能按照自己的目标去奋斗，如果整天浑浑噩噩地混日子，这样的生活又有什么意义呢？年轻人正是精力旺盛的年纪，应该趁着大好的时光好好奋斗，不要让自己到年老的时候后悔。

首先要有明确的目标，目标不能定得过低，过低则没有效果，也不可定得过高，过高的话自己没有办法完成，难免会有挫败感，会让自己失去奋斗的勇气，容易半途而废。所以，一定要树立一个自己合适的目标，这样才能激发自己的热情。

尽量将目标视觉化，比如你的目标是考上理想的大学，那你首先要清楚你理想的大学是哪一所。如果有条件，最好能实地去参观一下，在学校里走一走、看一看，在学校门口拍个照，留念一下，告诉自己：两年之后我就要来这里。如果没有条件，至少也要在网上搜索这所学校大门的图片，将自己的理想写在图片上，并且告诉周边所有的人。

目标定好了之后，做一个详细的计划。最好是将计划落实在书面上，也就是用笔写下来，贴在我们随时都能看到的地方。计划要进行细分，既要有长期目标，也要有短期目标。比如一个月的计划，一周的计划，甚至一天的计划，都应该明确。同时，目标达成之后，还要给自己个小小的奖励。比如这一周，你顺利达成了自己的目标，可以奖励自己吃个冰激凌。如果这一个月，你都顺利达成了自己的目标，可以奖励自己去看场电影。如果这个学期，你顺利达成了自己的目标，可以奖励自己假期来个短途游。总之，目标达成后一定要给予自己适当的奖励，这些奖励不一定非得是物质的，也要和自己目标的难度相匹配。

合理安排时间。要学会利用零散的时间。我们的时间就像海绵里的水，挤挤总是会有的，不要小看一些零碎的时间，这些时间加起来也是非常多的。

有了目标，然后就是实践，要脚踏实地地去做。学习也许是枯燥的，我们要找到学习的兴趣，愉快地学习。因为喜欢，所以一切付出都是值得的。

目标金字塔由 6 个不同层面组成：

A. 人生总目标，这是核心，是你一生为之奋斗的理想。

B. 长期目标，一般指 10 年左右能做到的事情。
C. 中期目标，一般指 5 ～ 10 年内所做的事情。
D. 短期目标：指 1 ～ 5 年要做的事。
E. 近期目标，指为达到一年目标设定的每半年、每 3 个月要做的事。
F. 日程计划，指每天、每周要做的事。

你认同以下的说法吗？为什么？

1. 有没有理想并不重要，人生不会因为有了理想而不同。
2. 从小努力，经过长时间奋斗，梦想才能实现。
3. 一个人若是没有确定航行的目标，任何风向对他都不是顺风。
4. 梦想与现实是平行线，永远无法相交。
5. 梦想即使实现不了，也能指引方向。
6. 少年的梦想和现实总是有一定的距离，有时甚至不切实际。
7. 有梦想的人是幸福的，因为，梦想是人所具有的精神状态。
8. 梦想是对美好生活的向往，有梦就有前行的方向和力量。

经过今天的学习，你有了自己的梦想吗？如何实现呢？可能在实现梦想的路上会有困难和挫折，你将如何面对呢？把你的目标金字塔写在下面，并将可能的困难罗列出来，写出解决的方法。

____

____

心海拾贝

有效时间管理

对于很多人而言，总是会把重要的事情拖延下去，最终导致很多事耽误了，并且没有取得理想的结果。有这样情况的人，应该学会有效时间管理，掌握一些方法和技巧，让自己获得更多的成绩。下面简述一下有效时间管理的方法，希望对感兴趣的朋友有所帮助。

有效时间管理方法：

（1）罗列计划和目标。要想进行有效时间管理，需要先清楚自己想要做什么，列出自己的计划和目标，知道自己该做些什么，不该做些什么。

（2）合理规划时间，平时注意多收集自己的相关信息，如自己做一件事需要多长的时间，这样可以知道自己一天要完成的事情需要多长的时间，明白如何去安排。

（3）按事情的轻重缓急安排时间，做好规划。其实不管什么人，都需要有好的时间管理，有效利用时间，将自己要完成的事情按照轻重缓急来梳理和安排好时间。

（4）保持专注。保持专注，全身心投入到一件事情当中，让自己具备很强的专注力，充分发挥自己的潜力，高效做事。

（5）同一个时间段内只做一件事情。要想进行有效时间管理，除了需要个人的精神的专注，还需要在事情上面专注，同一时间段内自己最好只做一件事情，这样可以把事情做好，实现有效时间管理的目的。

（6）保持平常心，调整好自己的情绪，让自己处于更好的状态，创造更多的价值。对于想进行有效时间管理的人而言，保持平常心，发挥优势很关键。

（7）借助一些科学的工具，比如时间管理表格、时间计时器等，帮助自己做好时间规划，清楚自己该做好什么。

心理游戏

1 分钟拍手

自己想一想，在一分钟内能拍几次手，并把自己想的数字写在纸上，然后开始计时，拍手一分钟，看看实际情况会怎样。

10 秒单人鼓掌次数	次数	目标制定人	目标	完成情况
第一轮		学生	自定	
第二轮		老师	60	
第三轮		师生商量		
第四轮		头脑风暴		

通过这个游戏，大家有什么感悟？

____

____

心香一瓣

美文欣赏：新生活是从选定方向开始的

世界上有个著名的大沙漠叫撒哈拉沙漠，它的中心在一个叫比塞尔的小城，小城旁边是大沙漠中唯一的一片绿洲。小城被誉为撒哈拉沙漠的一颗明珠，每年吸引着数以万计的游客来这儿观光。小城中央竖立着一位名叫阿古特尔的人的铜像——他是第一个走出大漠的比塞尔人。铜像的底座上还刻着一行字：新生活是从选定方向开始的。

在1926年以前，比塞尔人没有一个走出过大漠。据说不是他们不愿意离开，而是尝试过很多次都没有走出去。一个偶然的机会，英国皇家学院的院士肯·莱文在考察撒哈拉沙漠时无意中发现了比塞尔小城。他问过这儿的很多人，为什么他们没有人走出过大漠，奇怪的是回答都是一致的：从这儿无论向哪个方向走，最终都还要转回到这个地方来。

肯·莱文非常纳闷，觉得不可思议。后来他想方设法才雇到一个比塞尔人给他带路，看看究竟是什么原因才走不出沙漠的。这个人就是阿古特尔—— 一个被当地人称为白痴的人，因为他整天梦想着要走出大漠，尝试过多次都失败了。于是肯·莱文和阿古特尔带了足够半个月的水和食物，还有两头骆驼便上路了。他俩走了整整10天都未能走出大漠。第十一天清晨，在他们眼前突然出现了一片绿洲，原来他们又回到了比塞尔。阿古特尔把双手一摊，表示无能为力。此时，肯·莱文才恍然大悟，他知道了比塞尔人之所以走不出大漠，是因为比塞尔人根本就不认识北斗星，只是凭着感觉朝前走，因此走出了许许多多大小不一的圆圈，最后的足迹十有八九是一把卷尺的形状。比塞尔小城处于浩瀚大漠的中间，方圆上千里没有一点儿参照物。如果不认识北斗星又没有指南针，想走出大漠确实是不可能的。

肯·莱文在离开比塞尔时，告诉阿古特尔：如果你想走出这个大漠，你必须白天休息，晚上则朝着天上那颗最亮的星星走，那你就一定能走出大漠。阿古特尔半信半疑，但还是照着做了。结果，三天后他真的走到了沙漠的边缘，成了第一个走出大漠的比塞尔人。

电影欣赏：《风雨哈佛路》

电影《风雨哈佛路》海报

影片介绍： 丽斯（Liz）出生在美国的贫民窟里，从小就开始承受着家庭的千疮百孔，母亲酗酒吸毒，并且患有精神分裂症。在她15岁时母亲死于艾滋病，父亲进入收容所。贫穷的丽斯需要靠乞讨生活，苦难似乎无穷无尽。随着慢慢成长，丽斯知道，只有读书才能改变自身命运，走出泥潭般的现况。她用最真诚的态度感动了高中的校长，争取到了读书的机会。她一边打工一边上学，用两年时间学完了高中四年的课程。她尝试申请各类奖学金，只有纽约时报的全额奖学金才能让她念完大学，于是她努力争取并申请到了这份奖学金。影片的最后，她迈着自信的脚步走进了哈佛的学堂。

影片评价： 贫困并没有止住丽斯前进的决心，在她的人生里面，勇往直前的奋斗是永恒主题。我们都是普通人，但可以让自己的生活不普通。人，总要追求一些东西，而这些追求真的没有你以为的那么难，最难的是怎么让自己不要以为它难，以及迈出第一步。

影片观后感：

____

____

____

心路历程

发挥个人优势，最终的目标是要达成我们的梦想，梦想是我们前进的目标和希望。有了梦想，每一步都会走得坚定而充实。设想现在你乘坐着自己的梦想号列车，向着未来驶去，在每个节点上，你会看到一幅幅景象，你在哪？和谁在一起？在做什么？你的心情如何？

	时间	地点	和谁在一起	所做、所想
第一站				
第二站				
第三站				
第四站				

尺有所短，寸有所长

——屈原

话题三

自控——情绪世界探秘

活动六

多彩情绪世界

认识情绪

学习领域： 自控——情绪世界探秘	学习情境： 多彩情绪世界	
姓名＿＿＿＿＿＿　班级＿＿＿＿＿＿ 日期＿＿＿＿＿＿＿＿＿＿＿＿＿＿		

心情故事

今天是星期天，快八点半了，明川才睁开双眼，他伸了伸懒腰，看到窗外湛蓝的天空，一下子就来了精神："打球去，打球去！李宇凡，快起来，咱们打球去！"他一边喊着下铺的李宇凡，一边快速地穿着衣服。下床之后，他又赶紧去喊住在隔壁的周旭。三人很快来到篮球场，高兴地打起了篮球，他们越玩越起劲儿，没一会儿就出了一身汗。

操场上打球的人陆续多了起来，忽然从斜上方飞过一个篮球，不偏不倚地正好砸在周旭的脑袋上。周旭顿觉眼前一黑，还没明白咋回事儿，一阵剧烈的疼痛袭来。他摸摸头，发现头上起了一个大疙瘩。周旭转过身来，愤怒地喊道："谁干的？"这时从不远处跑过来一个男孩，连忙道歉："对不起，对不起！不是故意的，球飞得太猛了。"这男孩一边鞠躬道歉，一边说带他去医务室看看。这时，明川和李宇凡也赶了过来，明川一手搀扶着周旭，心疼地摸了摸周旭的头，问道："疼不疼？"周旭手一推甩开明川的手，龇牙咧嘴地说："别碰别碰，疼死了！"李宇凡看看周旭和明川，转头怒目瞪着男孩，想替周旭鸣不平，但见男孩一个劲儿解释，又不断认错，想到当务之急还是先带周旭看医生，于是，一行人这才扶着周旭到学校医务室去了……

吃过早饭，韩美就拉着赵娜拉和王雅静去逛街，三个人换上漂亮的衣服（平时在学校都是穿校服，今天终于可以穿自己的衣服了），美美地走出校园。来到商场后，琳琅满目的商品一下子就吸引了她们的目光。她们一会儿看看化妆品，一会儿看看精美饰品，最后进了一家服装店。韩美看到了一条粉色裙子，这条裙子穿在韩美身上越发显得她身材窈窕，浅粉的颜色衬托着她的脸更加白皙，裙子上还有一个镶钻的造型，亮晶晶的，非常漂亮。韩美非常喜欢这条裙子，可裙子的价格有点高，几经犹豫，她还是咬咬牙买了下来。韩美的脸上洋溢着满足的笑容，觉得今天的自己格外的美！而这件裙子却引起了王雅静的沉思，她想到了上大学的姐姐，也曾经有一条类似的粉红裙子，两人小时候还因为抢着穿这条裙子打了起来，记得当时妈妈说："雅静，你看这条裙子有点大，你穿不合适，姐姐穿上这条裙子去参加比赛，我们一起给姐姐加油好不好？""嗯！"妈妈从身后拿出一个漂亮的布娃娃，搂着王雅静说："雅静这么乖，这个漂亮的布娃娃送给你。"她抱着漂亮的布娃娃，看着美丽的姐姐，开心地笑了。看着眼前美丽的韩美，她真的有点想姐姐、想妈妈了。而赵娜拉更是心潮起伏，一方面羡慕韩美这么漂亮，另一方面又为裙子高昂的费用感到意外。自己是没有这个实力去买这么贵的裙子的，内心不禁有点心酸和小小的嫉妒。三个女孩子怀着各自的心思回学校了。

同学们，愉快的周末，欢乐的时光，男生和女生都有着不同的故事，请你们谈一谈三个男生和三个女生的情绪变化，并探讨一下他们为什么会产生这样的情绪呢？

男生的情绪变化：

明川：

____

李宇凡：

____

周旭：

____

产生情绪的原因：

明川：

____

____

李宇凡：

____

____

周旭：

____

____

女生的情绪变化：

韩美：

____

王雅静：

____

赵娜拉：

____

产生情绪的原因：

韩美：

____

____

王雅静：

____

____

赵娜拉：

____

____

心境探秘

三个男生和三个女生用不同的方式度过了周末，也经历了不同的情绪体验，有欢乐、高兴、满足，也有愤怒、痛苦、思念、嫉妒、心疼、愧疚。那么，什么是情绪呢？情绪有没有好坏之分呢？

第二天的课堂上，大家谈论起这个话题。

明川站了起来说："情绪就是喜、怒、哀、乐各种感受呗，情绪应该有好坏之分，高兴、快乐、舒服等是好的情绪，痛苦、害怕、哀伤等是坏的情绪，我喜欢好的情绪，不喜欢坏的情绪。"

王雅静想了想，若有所思地说："我看到好吃的就感到特别高兴，美美地吃上一顿就感到很满足；放假回家的时候，见到我的爸爸妈妈就感到很开心、幸福，特别享受和家人在一起的快乐时光；闲暇的时候和闺蜜聊天会感到很兴奋，心情很舒畅；遇到困难和挫折的时候会感到很难受；做不好事情的时候就感到很心烦；偶尔搞个小冒险还感觉很刺激；看到好看的电影场面也会感动地流眼泪。这也许就是情绪吧。"

韩美好像受到王雅静的启发和感染，紧接着说："对对对！老师一让我回答问题，我就紧张，晚上走在校园幽密的小树林里还有点害怕。"

田老师总结道："情绪是对一系列主观认知经验的通称，是多种感觉、思想和行为综合产生的心理和生理状态，是以主体的愿望和需要为中介的一种心理活动。当客观事物或情境符合主体的愿望和需要时，就会产生愉悦、满意、高兴等积极的、肯定的情绪。当客观事物或情境不符合主体的愿望和要求时，就会引起不满、愤怒、痛苦、仇视等消极、否定的情绪。"

在我们的书本中，也有关于情绪的一些论述，请同学们找出来写到下面：

____

____

____

最普遍、最通俗的情绪有喜、怒、忧、思、悲、恐、惊等，其中喜、怒、哀、惧是人类的 4 种基本情绪，你能想到哪些和这些情绪有关的词语呢，请填写在下面的表格里。

喜	怒	哀	惧

我们一般都会喜欢"好"的、积极的情绪，比如快乐、开心、幸福等，不喜欢"坏"的、消极的情绪，比如焦虑、抑郁、恐惧、愤怒、悲伤、嫉妒、委屈等。但是，你们知道吗？所有的情绪都是最真实自我的体验，它引导我们去抵达真实的自我，让我们有机会成熟和成长。情绪没有好坏之分，"坏"情绪从来不是为了伤害我们而出现的，它们用自己的存在、暴发和呐喊，在提示、保护、唤醒着我们。例如，考试前的紧张，让你去努力复习；遇到危险时的恐慌，让你开始逃离避免危险；遇到不公平时的愤怒，让你可以去还击；焦虑，让你为将来未雨绸缪……各种坏情绪增加了我们的生存概率，提升了我们适应环境的本领，也就是我们常说的"生于忧患"。

情绪没有好坏之分，但行为却有好坏之别。任何情绪都应该被理解和接纳，但行为是要被管理的。当我们的情绪被理解和接纳后，我们往往也就不会再做出有破坏性的行为了。

心灵碰撞

我们有很多的情绪，不同的情绪体现在我们的脸上会有不同的表情，请同学们试着画一画情绪脸谱图，你会发现我们有那么多的词语和表情可以表达我们的情绪。

此时此刻，你的情绪是什么样的呢？上图中哪张脸谱更接近你目前的情绪状态，或者你对哪张脸谱印象深刻，请你把它找出来。每一个脸谱的背后，一定有一个和自己相关的情绪故事，你的故事是什么样的呢？请你将它记录下来。

我的情绪故事

经过讨论和分享，同学们对自己的情绪都有了很清晰的认知。表达即治疗，在同学们表达出来自己的情绪的时候，内心也会悄悄地发生变化，又会产生新的情绪体验。赤橙黄绿青蓝紫是大自然中美丽彩虹的颜色，同时也是我们内心情绪的颜色，你的情绪是什么颜色的呢？你想用一种什么样的图画来表达你的情绪呢？是太阳、高山、绿树，还是大海、草原、星辰？请同学们在下面画出自己的情绪画，并选择自己喜欢的颜色涂上色。

心海拾贝

经过今天的学习，你对情绪有了什么新的认识，在今后的学习和生活中，你想怎样对待自己的情绪？请你写在下面。

写给自己的心里话：

心理测试

情绪自我评定量表

愤怒

1. 我对别人隐藏、压抑自己的恼怒。
2. 我和某人生气后，感到后悔。
3. 别人一激，我就忍不住发怒。
4. 我觉得自己对别人发火有害无益。
5. 我遇到过只能用愤怒来做反应的情况。

快乐

1. 我的学习很枯燥，毫无乐趣可言。
2. 我感到厌倦。
3. 我确实很难专心于学习。
4. 我的学习呈现给我的没有什么新鲜东西。
5. 当我对某事感到兴奋时，就难以保持足够的冷静。

恐惧

1. 避开某些场景（如飞机和人群），我会感到更舒服。
2. 对于我所害怕的事，我宁愿不理睬。
3. 当我一想到危险时，便难以正常思考。
4. 我觉得要不惜代价以避免失败。
5. 对我来说，停止对某事或某人的担忧是很困难的。

信心、信任

1. 我对自己能否学习好，没有把握。
2. 当别人完成任务的方式与我不同时，我会怀疑自己。
3. 我觉得大多数人唯一感兴趣的是他们自己。
4. 我不愿让别人参与我们做决策或定计划。
5. 我试图向别人隐瞒自己的感情。

妒忌

1. 他人的成功似乎是对我的威胁。
2. 当我完成某件事时，我一定要让人们知道。
3. 看到别人获取荣誉，我就感到心烦。
4. 我对别人的错误不能容忍。
5. 我发现竞争比合作更能激励我的下属。

内疚

1. 我为当替罪羊代人受过而感到委屈。
2. 我为自己的疏忽感到不安，觉得必须弥补这些过失。
3. 我觉得自己错了，但并不知道究竟错在哪里。
4. 我不清楚我的道德标准是什么。
5. 我过分夸大自己犯的小错误。

焦虑

1. 我被即将发生的麻烦所侵扰，而这些麻烦到底是什么，我并不清楚。
2. 我对自己的长远目标心中没数。
3. 我的压力似乎同时来自四面八方。
4. 去完成一项我并不熟悉的事，我便感到心神不安。

抑郁

1. 我入睡困难，而且容易被吵醒。
2. 我不能把注意力集中到我的学习上。
3. 我感到自己不能主宰自己的命运。
4. 我觉得自己许多成就是不该得到的。
5. 我用不停的活动来使自己摆脱烦恼。

记分方法：经常，5分；有时，3分；很少，1分；从不，0分。

说明：每一部分总分少于5分，表明你对这一方面的情绪很好。超过15，表明你应该注意这一方面的情绪。

心香一瓣

电影欣赏《冰雪奇缘》

影片介绍：在四面环海、风景如画的阿伦黛尔王国，生活着两位可爱美丽的小公主，艾莎和安娜。艾莎天生具有制造冰雪的能力，随着年龄的增长，她的能力越来越强，甚至险些夺走妹妹的生命。为此国王紧闭宫门，也中断了两姐妹的联系。悲哀的海难过后，艾莎终于到了加冕的年龄，各国王公齐来祝贺。艾莎战战兢兢，唯恐被人识破隐藏了多年的秘密。然而当她听说安娜将要和初次见面的南埃尔斯王子汉斯结婚时，依然情绪失控露出了

电影《冰雪奇缘》海报

马脚。在此之后她逃到山中，构建了属于自己的冰雪王国，而阿伦黛尔也陷入可怕的寒冷之中。

安娜独自来到山中，在山民克斯托夫的帮助下总算来到姐姐的宫殿，她能否让国家重新找回失落的绿意？

影片评价：剧中的姐姐艾莎对待她的魔法的态度，就如我们对待自己的情绪，不管我们的情绪是什么样的，我们先要接受它，然后才是控制它。为了躲避情绪失控，艾莎逃离了，但是最后还是亲情让她找回了真正的自己。

影片观后感：

____

____

____

心路历程

请你记录最近都有哪些情绪，以及与这些情绪相关的事件，并看到自己的期待。比如今天我捡到了一张饭卡交给老师，老师表扬我拾金不昧的精神，我很高兴，我看到我的期待是希望获得别人的认可和老师的关注；今天在实训课上，有一个步骤操作得不太顺利，有点沮丧，我看到我的期待是希望自己把每一个操作技能都掌握，等等。

（这个环节对大家很重要，希望大家能用心去做，用心体会）

日期	我的情绪	相关事件	我的期待

日期	我的情绪	相关事件	我的期待

对于那些内心充溢快乐的人们而言，所有的过程都是美妙的。

——罗莎琳·德卡斯奥

活动七 幽密情绪花园

情绪 ABC 理论

<table>
<tr><td>学习领域：
自控——情绪世界探秘</td><td>学习情境：
幽密情绪花园</td><td rowspan="2"></td></tr>
<tr><td colspan="2">姓名________ 班级________
日期____________________</td></tr>
</table>

心情故事

新的学期开始了，女生宿舍有了部分调整，王雅静她们 528 宿舍来了两个隔壁班的女生，苏明飞和许家朋。苏明飞、许家朋和原来 326 宿舍的姐妹相处得非常融洽，无奈新学期搬到了新校区，新的宿舍容纳不下那么多人，必须出来两个同学。所以，她们不太情愿地来到了 528 宿舍。528 宿舍原来有 5 个人，而她们新来的两人明显感觉到局促和压力。苏明飞原来在下铺，来到 528 宿舍后发现下铺已经被占满了，只好选择在邱苗的上铺。收拾好床铺，苏明飞准备收拾洗漱用品和鞋袜，才发现邱苗把床下的鞋架全部占用了，并没有给她留下空余的地方。苏明飞很生气，问邱苗为什么，邱苗说："就是不给你留，怎么了？"苏明飞平时不太爱说话，胆子比较小，也不爱惹事，再加上初来乍到，对这些人都不太熟悉，所以，虽然她很生气，但是也不敢惹邱苗，只好拿着脸盆出气，"咚"地踢了一脚脸盆，脸盆被踢飞出去一米多远，然后苏明飞气呼呼地上床了。没成想在上床的时候，正好踹到了隔壁下铺的张佳，张佳被踹疼了，说了一声："你踹到我了。"王雅静见状，也对苏明飞说："你踹到张佳了。"但是，苏明飞正在气头上，满脑子都是愤怒的情绪，根本就没有意识到自己踹到了张佳，也没有听到张佳和王雅静说的话，上床后，气呼呼地蒙头大睡了。

韩美唱着歌回来了，王雅静、张佳、邱苗几个人一唱一和地开着玩笑，笑呵呵地谈论着今天发生在班级内的事情。没有一个人和苏明飞、许家朋说话，她们两个也没有主动和王雅静她们说话。看到她们几个有说有笑，竟然也没人和她俩搭腔，苏明飞和许家朋特别不舒服，感觉自己就像外星人一样，极度融不到这个宿舍里。心想：一定是她们几个故意排斥她们、孤立她们，心里像堵着个热气球。为了避免尴尬、寻求安慰，她们俩逃也似的回到原宿舍，和原来的室友打成一片，等熄灯了才回来。平时在宿舍的时候，她们也感觉很不舒服，也不敢坐下铺的床，整天站着，着实感觉憋屈、郁闷。

一连几天，苏明飞和许家朋都没有和528宿舍的其她女孩子说过话。而王雅静、张佳她们也在私下讨论着苏明飞和许家朋，认为苏明飞把张佳踹疼了，既不吭声也不道歉，跟什么也没发生似的，感到特别生气，张佳更是感到特别委屈，对她们两个都有意见。就这样，几天过去了，两个班级的女孩子们几乎到了水火不相容的地步，矛盾越来越大。

心境探秘

美国著名心理学家亚伯·艾利斯创立了理性情绪行为疗法，其核心理论就是ABC理论。根据ABC理论，情绪源于想法、态度、价值判断。该理论认为引起情绪结果的并非事件本身，而是个体对此事的想法。

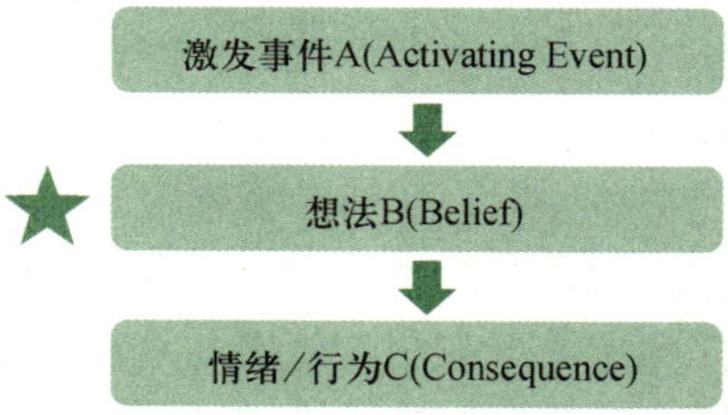

心理学ABC理论图

同一刺激情景，由于对它的评估不同，会产生不同的情绪反应。评估的结果可能认为对个体“有利”（产生积极的情绪体验）、“有害”（产生消极的情绪体验）或“无关”（人们给予忽略）。换句话说，焦虑、沮丧、敌意等情绪结果C的产生不是由所发生的事件A引起的，而是由想法B产生的。只要个体对此事件的想法改变了，情绪也随之改变。情绪产生的基本模式：情景刺激——想法——情绪。

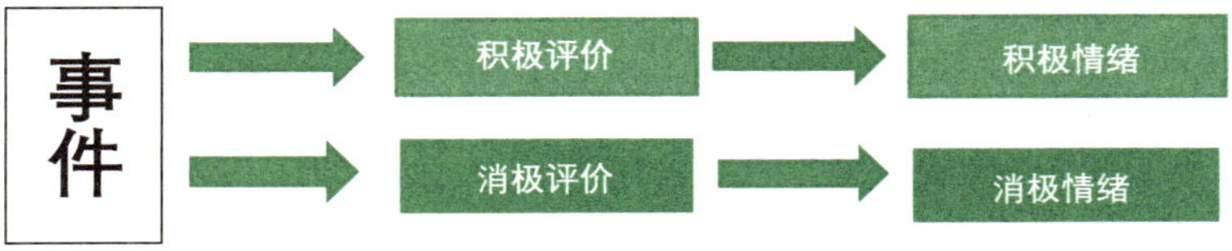

情绪基本模式图

举一个例子来正确认识 ABC 理论：

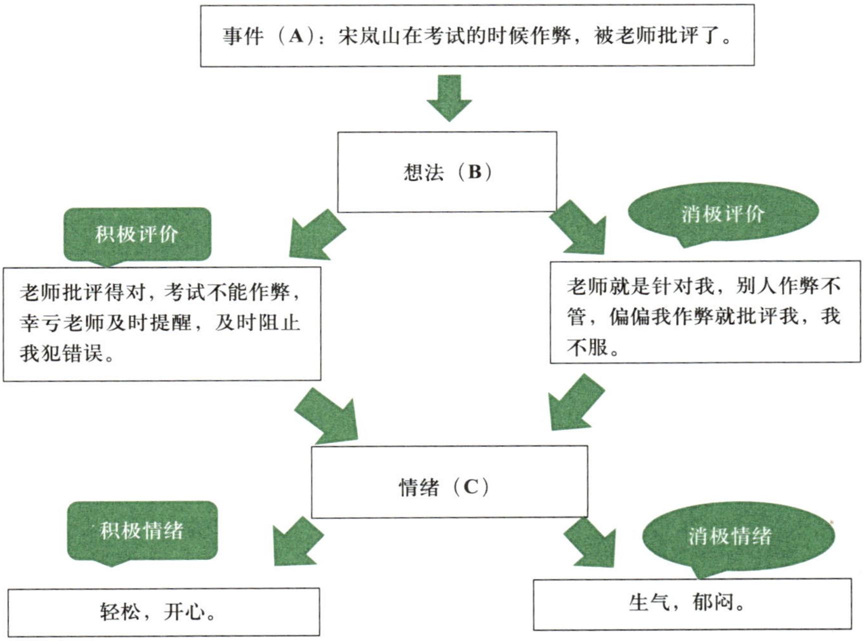

举例认识 ABC 理论图

528 宿舍的女生们因为一些事情，产生了很大的隔阂，宿舍气氛变得非常紧张，这对她们的学习和生活都是非常不利的，通过学习情绪 ABC 理论，你能帮助这些女生们找到她们的不合理的想法吗？小组之间展开讨论，并把你们的答案填到下面。

姓名	A（事件）	B（想法）	C（情绪）	行为
苏明飞	邱苗占用她的鞋架		委屈、愤怒	用脚踢盆发泄情绪
苏明飞 许家朋	韩美、王雅静、张佳、邱苗在宿舍有说有笑		孤独、被排斥 难过	回原宿舍
张佳	被苏明飞踹了两脚		愤怒、憋屈、生气	找同宿舍室友诉说

续表

姓名	A（事件）	B（想法）	C（情绪）	行为
王雅静	张佳被苏明飞踹，告诉她无动于衷		生气	安慰张佳
邱苗	苏明飞在自己上铺		盛气凌人	占用苏明飞鞋架
其他				

假如你是老师，你该用什么办法帮她们化解矛盾呢？

____

____

心灵碰撞

中午在食堂，明川正兴冲冲地端着自己喜欢的饭菜往餐桌那走，忽然对面过来一个人和他撞个满怀，把餐盘打翻在地……

此时他的心情如何？

他的心情会不会随着情况的不同而变化呢？

情况一：打翻餐盘的人是一向对他很好的张老师。这时他会如何评价这个事件？产生的情绪会是什么？

____

情况二：打翻餐盘的人是他一向讨厌的同学眼镜蛇。这时他会如何评价这个事件？产生的情绪会是什么？

____

情况三：打翻餐盘的人是学校话剧社的社长，明川一直想找机会加入话剧社。这时他会如何评价这个事件？产生的情绪会是什么？

____

情况四：打翻餐盘的人是他一直偷偷喜欢的隔壁班女同学。这时他会如何评价这个事件？产生的情绪会是什么？

____

同样一个餐盘被打翻的事件，因打翻餐盘的人不同而导致了不同的情绪，可见，并不是事件本身导致了情绪，而是对事件的评价导致了不同的情绪。同样的，即使是同一件事同一种情况，当想法不同时，也会产生不同的情绪。

心海拾贝

当事件无法改变时，要想改变情绪，首先要改变的就是想法和评价，我们不能改变世界，但是我们能改变对世界的看法。积极的想法和评价能产生积极的情绪，而消极的、不合理的想法和评价则会产生消极的情绪，消极的、不合理的信念之所以不合理就在于它们并不客观。如果我们能够更客观、理性地看待这些问题，那么不合理信念所带来的情绪困扰也会因此减轻不少。

美国心理学家阿尔伯特·艾利斯（Albert Ellis）于20世纪50年代创立了理性情绪疗法。理性情绪疗法的治疗整体模型是“ABCDE”，是在埃利斯的“ABC理论”基础上建立的。A是指Activating Event，激发事件，一般是负面事件；B是Belief，就是人们的信念；C是Consequence，就是情绪和行为的后果；D就是Defend，质疑和挑战那些不合理的信念；E是Effect，就是说质疑会带来新的情绪和行为。

那么，在负面事件发生时，我们该如何做才能不受情绪的困扰呢？

第一步，当然是觉察自己的不合理信念。

第二步，驳斥与质疑。

例如：晚自习时间，李宇凡坐在讲台桌前，负责维持班级内的秩序，这时候班内逐渐乱了起来，出现了大片小声说话的现象，李宇凡很生气地大声说了一句：“都别说话了，安静！”可同学们像没有听到他说话似的，继续小声说话。

这时，李宇凡感到很沮丧，甚至有点愤怒。

同学们讨论一下，在这个案例中 ABC 是什么呢？

“A”是我管理班级秩序没人听话；“C”是我感到很沮丧，甚至有点愤怒；“B”是同学们不听我的话，是对我不尊重，挑战我的班长权威。那么如何驳斥这些想法呢？也就是怎么进行“D”呢？虽然同学们没有听我话很快安静下来，也不一定就是不尊重我，没准他们也有自己说话的理由，或许是在讨论问题，或者正在谈论一些感兴趣的话题，我这样在班内大喊一声，对同学们的关注不具备针对性，可能是我的工作方法不对，为了提升班级管理效果，需要更新班级管理方法，寻找更好的班级管理策略。不知不觉中，我的沮丧愤怒的情绪没有了，而是把主要精力放在了寻找更好的班级管理办法上，这就是“E”。

驳斥不合理的信念可以帮助我们跳出情绪，把目光聚焦在该解决的问题上。陷入负面情绪并不能帮到我们什么，只有更加科学理性地去看待我们所处的境况，才能更好地解决问题，更能够感觉到对于生活，我们是可以掌控的，我们可以决定一个事情的走向，而不是被这些负面事件所困。

经过今天的学习，对你内心影响最深的一个点是什么，请你把它写在下面：

写给自己的心里话：

心理测试

焦虑症自评量表（SAS）

如果你最近总是感到惶恐不安，患得患失，无法安心做事情，似乎身后总有一头怪兽追着你跑，那么，测测你的焦虑程度，了解自己的焦虑程度，我们需要更加清晰地去觉察自己内在的情绪状态。

本焦虑自评量表 Self-Rating Anxiety Scale（SAS）由华裔教授 Zung 于 1971 年编制，含有 20 个条目，用于评出焦虑的主观感受。

下面请根据您最近一周的感受进行选择。

很少有，计 1 分；有时有，计 2 分；大部分时间有，计 3 分；绝大部分时间有，计 4 分。

题目编号	题目名称	选项			
		很少有（1分）	有时有（2分）	大部分时间有（3分）	绝大部分时间有（4分）
1	我感到比往常更加神经过敏的焦虑				
2	我无缘无故感到担心				
3	我容易心烦意乱或感到恐慌				
4	我感到我的身体好像被分成几块，支离破碎				
5	我感到事事都很顺利，不会有倒霉的事情发生				
6	我的四肢抖动和震颤				
7	我因头痛、颈痛和背痛而烦恼				
8	我感到无力而且容易疲劳				
9	我感到平静，能安静坐下来				
10	我感到我的心跳较快				
11	我因阵阵的眩晕而不舒服				
12	我有阵阵要晕倒的感觉				
13	我呼吸时进气和出气都不费力				
14	我的手指和脚趾感到麻木和刺激				
15	我因胃痛和消化不良而苦恼				
16	我必须频繁排尿				
17	我的手总是温暖而干燥				
18	我觉得脸发烧发红				
19	我容易入睡，晚上休息很好				
20	我做恶梦				

续表

结论序号	分数	结论
1	0 ~ 49	你的焦虑水平在正常范围之内。正常范围内的焦虑水平，不意味着你此刻没有焦虑情绪，可能你正感到轻微的不适、不安，我们将此称为适度焦虑。适度焦虑是一种“合理情绪”，也就是我们平常会感受到的一些情绪，比如考试前的紧张，上台演讲之前的焦虑，重大抉择之前的恐慌。适度焦虑有助于我们认清自身状态，保持警惕和刺激，化焦虑为动力，激发人的行动力。如果你为此感到困扰，让我们以“不评判”为目的去观察自己的情绪、想法，不与它较劲，观察它，品味它，体会它，从而去接纳它，也许你会发现，接纳焦虑情绪，比逃避焦虑，会让你感到更轻松，更舒适。如果你感到轻松，继续保持愉快心情吧！（以上测试结果仅供参考）
2	50 ~ 59	你的焦虑水平为轻度。也许焦虑情绪已经让你感到困扰，甚至有时感到肌肉紧张，呼吸不畅，过度思索感到无法停止思考，让你的生活受到了一定的影响，缓解焦虑小建议：1. 接纳自己的情绪，当你对抗或者回避焦虑的时候，也许你会发现自己感到更加不自在。我们不需要“克服”焦虑，我们需要的是学会与焦虑共存。可尝试了解“森田疗法”，也许会让你有收获。2. 去跑步吧！坚持每天做有氧运动可以起到避免焦虑的作用，运动也可以给我们提供时间寻求有效的解决问题的方法，还可以缓解紧张情绪。3. 体验深度放松，冥想、正念等方式是经过验证过的有助于人们深度放松的方法，这种深度放松的方式可以让人养成遇事平和冷静的习惯。4. 如果做了诸多尝试与调整，依然存在困扰，建议寻找专业心理咨询师寻求心理帮助。【温馨提示：在本量表中得分并不能作为焦虑症的诊断标准，仅供你了解自己使用。焦虑症的诊断和治疗，只有精神科医生才能进行】
3	60 ~ 69	你的焦虑水平为中度。引起你焦虑的原因，可能不只是当下生活中的实际困扰，还包括对未来无名的担心，甚至是模糊的、不明原因的焦虑和担心，而且焦虑情绪似乎已经不只是影响了你的心态、正常生活，你的身体也感受到了焦虑，身体过分紧张，肌肉过于紧绷，呼吸不够轻松，过分机警等。在此情况下，可尝试运动、呼吸法、肌肉渐进放松法、正念、冥想等方式缓解情绪，如果感到靠自己的调整依然无法摆脱焦虑情绪，建议寻找专业的心理咨询师寻求专业帮助，同时，建议到精神科或心理科做进一步检查，明确的焦虑症诊断需要到精神科进行，对于较严重的焦虑症，尽早进行药物治疗才是关键。【温馨提示：在本量表中得分并不能作为焦虑症的诊断标准，仅供你了解自己使用。焦虑症的诊断和治疗，只有精神科医生才能进行】

续表

结论序号	分数	结论
4	70 ~ 80	你的焦虑水平较高。可尝试运动、呼吸法、肌肉渐进放松法、正念、冥想等方式缓解情绪，如果感到靠自己的调整依然无法摆脱焦虑情绪，建议寻找专业的心理咨询师寻求专业帮助，同时，建议到精神科或心理科做进一步检查，明确的焦虑症诊断需要到精神科进行，对于较严重的焦虑症，尽早进行药物治疗才是关键。焦虑症的主要症状是，内心充满了过度的、长久的、模糊的、不明原因的焦虑和担心。其具体症状包括以下四类：身体紧张、自主神经系统反应性过强、对未来无名的担心、过分机警。这些症状有时单独存在，也可同时出现。【温馨提示：在本量表中得分并不能作为焦虑症的诊断标准，仅供你了解自己使用。焦虑症的诊断和治疗，只有精神科医生才能进行】

心香一瓣

美文欣赏：沙子与珍珠

有一个年轻人，自我感觉很有才华，但在生活上遇到了很多波折，于是便觉得活着没有意思。有一天他决定跳海，但他刚跳下去就被一个老渔民用渔网捞了起来。

他很生气，冲着老渔民嚷道：“你什么意思，把我捞起来干什么？”

老渔民说道：“年轻人，为什么跳海呀？你这么年轻多可惜呀！”

于是年轻人就对老人诉说了他怀才不遇的苦衷。

老渔民听完，说道：“哎呀，你如今遇到我，运气来了。我正好是治怀才不遇的专家，我帮你治治吧。”

年轻人很诧异，急忙问老渔民医治之法。

老渔民说：“我有秘诀，如果你想知道，就必须答应我一个条件。”

老渔民说着，顺手从沙滩上拣起一粒沙子，往旁边一扔，说：“年轻人，帮我去把我刚才扔掉的那粒沙子拣过来，然后我就告诉你。”

年轻人听了很生气，说道：“你想耍我呀？这么多沙子，我怎么知道哪粒是你扔掉的呀？”

老人听了，笑着说：“别生气，我这还有个条件，如果你满足了我这个条件，我也告诉你。我这里有一颗珍珠，我把它扔到沙滩上，你去给我找回来。”

很显然，年轻人轻而易举地把珍珠拣了过来，交给了老渔民，并很虔诚地说：“老人家，我把珍珠拣过来了，可以告诉我秘诀了吧？”

老渔民一脸安详，说道：“年轻人，秘诀我已经讲完了。”

这个故事告诉我们：有些人之所以有怀才不遇的感觉，是因为自己是无数沙子中的一粒，跟旁边的沙子没有太大的区别；但如果自己是一颗珍珠，那么伯乐就会很容易地发现我们。所以说这个世界上不是没有伯乐，而是因为自己不是一匹能够让别人一眼辨认出来的千里马。

电影欣赏：《解忧杂货店》

影片介绍：由日本著名作家东野圭吾同名小说改编，小说《解忧杂货店》在全亚洲累计发行量超过 1 000 万册，被誉为“东野作品史上最令人感动之作”。讲述了在一家僻静街道旁的杂货店，只要写下烦恼投进店前门卷帘门的投信口，第二天就会在店后的牛奶箱里得到回答。某个夜晚，三个身在迷途的年轻人无意闯入，没想到开启了时光隧道，从收到来自过去的第一封咨询信开始，在不断地回信和收信过程中，过去链接了未来，犹豫是否该坚持音乐梦想的秦朗、是否该和家人因逃债远走他乡的浩博、是否应该放弃舞女工作的晴美都从他们的回信建议做出了选择，找到了心灵的方向，不经意间也串联了所有人的人生。同时这三个年轻人也收到了对于自己困惑的解答。

电影《解忧杂货店》海报

影片评价：人与人之间最可贵的是互相善待的心意。浪矢爷爷与小偷三人组绞尽脑汁为写信咨询者排忧解难，也在他们一封封认真的回复中得到比金钱更有价值的存在感。《解忧杂货店》解的是别人的忧，却在无形中填补了我们内心的破洞，并用最巧妙的方式告诉你：微小却长存的善意，才是解忧的不二之法。在帮助别人的同时，我们自己也获得了救赎，找到了生命存在的意义。

影片观后感：

____

____

____

心路历程

通过今天的学习，你受到了什么启发呢？回顾自己的成长过程，再重新看那些让你感到愤怒、焦虑、痛苦的事情，尝试着改变一下你的想法，将负向的想法逐渐改变成正向的想法，觉察你的情绪有什么变化，把这个成长的过程记录下来。

时间	事件	第一想法	转变为正向想法	带给自己的变化

6

有很多时候，帮助别人给我们自身带来的改变和快乐是我们无法预计的，尤其是给人惊喜，也就是在出乎别人意料的情况下帮助别人，请你这样做，并写下200字的过程与感想。

我们无法改变事情本身，但是我们可以改变看待事情的角度和心情。

话题四

自省——和谐人际交往

活动八

拥有快乐心情

做情绪的主人

学习领域： 自控——情绪世界探秘	学习情境： 拥有快乐心情	
姓名__________ 班级__________ 日期____________________		

心情故事

放假了，终于可以和父母团聚了，韩美高高兴兴地坐在回家的公交车上，仔细看了看给爸爸买的他最爱吃的麻花、给妈妈买的漂亮的发卡和给弟弟的可爱的小熊，她会心地笑了，想象着一家人在一起的幸福时光，准备给他们一个惊喜。

这时候，韩美的爸爸正在店里和顾客争吵，原来客户因为一些问题，取消了和韩美爸爸的一笔大宗货物订单，同时他发现今天收了一张假的百元纸币：“真是屋漏偏逢连夜雨，大宗订单取消，损失一大笔生意，还收到一张假币，今年生意不好干，一共都没挣到几个钱，该死的顾客，真是赔惨了。”韩美的爸爸气呼呼地回到家。

韩美妈妈见爸爸回来了，连忙说：“一会儿女儿要回来了，今天晚上做点好吃的，我刚把排骨炖上，家里没有酱油了，你下去买一瓶吧！”韩美爸爸没好气地说：“吃什么吃，就知道吃，今天店里都赔光了，还在家里乱花钱，别吃了！”韩美妈妈见爸爸这态度非常生气，刚有的好心情一下子抛到九霄云外，说：“你这么晚回来还有理啦，我在家做饭也不轻松，让你买个酱油还发脾气，你不干活，我也不干了。”韩美妈妈也生气地走出厨房，坐在沙发玩起了手机。

过了一会儿，韩美回来了，见到妈妈在玩手机，对妈妈说：“妈，我回来了！”妈妈正在生气，看了她一眼，没有说话。“妈，快饿死了，还没做饭啊？”韩美一边换拖鞋，一边对妈妈说。妈妈对韩美没好气地说：“就知道吃吃吃，妈妈累了，不想做饭，你自己去弄吧。”看到妈妈对自己发脾气，韩美的脸立刻就变了，怎么也没想到盼着回家，到家却是这样的待遇，妈妈竟然对自己发这么大脾气。韩美生气地走到自己的房间，“砰”地一声把门关上，看着给妈妈买的发卡，真想一下子把它掰断。这时候，弟弟推门走过来，拽着姐姐的手说：“姐姐，你回来啦，你陪我玩游戏吧。”韩美不耐烦地推开弟弟，生气地说：“一边儿去，烦着呢，你自己去玩吧，别理我。”弟弟见姐姐对自己发脾气，也很生气，走出房间来到阳台上，生气地望着窗外，眼泪一个劲儿地往下流。这时候，家里的小猫跑过来，来到弟弟的脚下，蹭了蹭弟弟的脚踝，娇嗔地叫了一声：“喵——”，弟弟生气地一脚把小猫踢开，对着猫喊道：“叫什么叫，给我滚……”小猫痛苦地大叫了一声飞快地跑开了。

“踢猫效应”图

心境探秘

发生在韩美一家身上的故事，就是心理学上常说的“踢猫效应”。“踢猫效应”是指对弱于自己或者等级低于自己的对象发泄不满情绪，而产生的连锁反应，是一种典型的坏情绪的传染。人的不满情绪和糟糕心情，一般会沿着等级和强弱组成的社会关系链条依次传递。由金字塔尖一直扩散到最底层，无处发泄的最弱小的那一个元素，则成为最终的受害者。

在我们的生活中，随时随地都会发生喜怒哀惧等情绪、情感的起伏变化，人的一切活动无不打着情绪的烙印。情绪像染色剂，给人的生活染上各种各样的色彩——红色的愤怒、绿色的快乐、蓝色的宁静、黑色的恐惧、灰色的忧郁、黄色的焦虑、粉红色的幸福、橘黄色的满足等，不同的情绪，形成了我们不同的情感世界。

周旭说："如果韩美的爸爸能够及时调整自己的情绪，回家后不对韩美的妈妈发脾气，也就不会有后面的连锁反应了。本来韩美还给爸爸和妈妈准备了礼物，妈妈也为韩美做了很多好吃的饭菜，弟弟也在等着和姐姐一起玩耍，应该是一家人很幸福地在一起，结果却闹得一家人都很生气，不得安宁，家里气氛是灰暗的，让人窒息的。"

"是啊，是啊，我们都替韩美感到惋惜，好不容易回家一次，一进门就先生一肚子气"，王雅静说道。

田老师说："是呀，坏情绪是可以传染的，可以让一家人笼罩在黑暗的阴霾中，同样，好情绪也是可以传染的，可以让家里每个角落都充满阳光。"

情绪又似催化剂，使人的活动加速或减速进行，不同的情绪状态影响着人们学习和工作的状态，加速或减缓行动的力度，提高或降低学习和工作的效率——积极、快乐等正向的情绪会提升人幸福或成功的动力，提高办事效率，增强办事效能，良好的情绪还有益于身心健康，让生活向着更好的方向发展；而焦虑、愤怒、痛苦等消极负向的情绪会消磨人的意志，使人低沉、沮丧、心灰意冷，会远离学习和工作，甚至会对生活丧失信心，严重者还会危害身心健康，产生身心疾病。认识到这一点，我们一定要保持积极的、好的情绪，调节消极的、坏的情绪，让好心情做主。

那么，你们都遇到过哪些烦心事儿，你们又是怎么调节情绪的呢？

田老师说到这，同学们便七嘴八舌地议论开了。

李宇凡推推自己的黑框眼镜，慢条斯理地说："我情绪不好的时候，首先看看产生消极情绪的想法是什么，然后再改变这个不好的想法。比如，昨天下了一天雨，我心里特别苦闷，下雨天又不能出去玩，如果没带雨伞，还容易被淋湿；可转念一想，下雨的时候天都是灰色的，湿了的校园倒也别有一番景致，就连中午的午睡都觉得香，心里倒也宁静了许多，这样一想，反而高兴了。"

向明同学歪着脑袋若有所思地说："李宇凡的这种办法，应该是合理情绪疗法。"

田老师笑了笑，说："是的，改变我们的消极的观念，产生积极的观念，就是合理情绪疗法。"

明川站起来说："我心情不好的时候，喜欢运动，跑跑步、打打篮球，出一身臭汗，心情就舒服多了。"

"我喜欢听音乐，或者唱歌。"

“我喜欢去逛街，找个饭店大吃一顿。”

“我伤心的时候，喜欢找个没人的地方，大哭一场。”

“上次参加比赛，没发挥好，准备那么久，没得到想要的结果，越想越烦，干脆不想了，回来蒙头睡一觉，第二天一切都是新的，那篇翻过去了。”

“最疼爱我的奶奶，忽然心脏病发作去世了，我简直不敢相信，不能接受，撕心裂肺地痛，于是我把自己的生活排得满满的，拼命地学习、读书、到实训基地练习，参加各种社团，让我没有时间去想奶奶。过了好久，才慢慢地好一些了。让我意外的是，今年竟然因为成绩优异获得了奖学金，或许这是奶奶在天上给我的祝福吧，我想奶奶一定是那颗明亮的星星。”王芳同学眼神凝重地望着远方，眼神中还带着点点的忧伤。

“上次跟哥们吵架，我们都很生气，为了证明自己的实力，我们到拳击馆好好打了一架，打完之后，反而心情平和了，也解除误会了。”

田老师表扬了同学们的方法并做了如下调节情绪“三步曲”总结。

第一步：觉察

就像天气冷了要加衣服，饿了要吃饭一样，对于情绪，我们要感觉到。当我觉察到我生气了、我很高兴、我很难受的时候，我们就看见自己的情绪了，这时候我们要做到接纳自己的情绪，允许自己有各种情绪的表达；然后领悟到我的情绪的背后有怎样的需求和愿望，这些需求和愿望是需要别人来满足，还是需要自己做出一些调整来满足。

第二步：调整

（1）减少不良刺激：因为情绪是刺激的产物，当我们处于不良刺激的情况下，调整的第一步就是尽量减少不良刺激，必要的时候要接纳不良刺激存在的可能性，如果可以，请你离开那些恶劣的环境。

（2）改变消极认知：影响我们情绪的不是事件本身而是对事件的看法，所以，换个角度看事情，换个角度去看人，你的情绪会发生变化。

（3）流动转化情绪：我们经常出现一个情绪的时候，会呆在一个地方，固着在那里，要让情绪流动起来。情绪不适宜隐藏，更需要去表达，否则它会以更加恶劣的方式呈现出来。我们可以像同学们说的那样去找朋友倾诉、写日记记下来，还可以去画画，去做运动，去跳、去跑、去打篮球，也可以听音乐、唱歌、敲一敲自己的身体或者做放松练习，胸闷、背部压力等身体症状会有缓解；还可以好好地睡一觉，也可以哭，还可以看电影，或者好好地抱抱自己（蝴蝶抱），抱抱毛绒绒的玩具，让身体被柔软的东西触摸，还可以晒太阳，做深呼吸、看电影，聊聊天等，总之要放下假象，多做事情，情绪就会流淌起来。没有人会伤害得了你，伤害你的是你的期待。不要有太高、太多的期待。

第三步：锚定

（1）评估：评估上次心情不好的时候，做了哪些工作让我的情绪回升了，评估上次调整情绪的经验，来用在这一次情绪调节上。

（2）日常清理成习惯：我们总会有这样那样的愿望不能实现，总会有这样那样的情绪会被压抑下来，这些不良情绪呆在我们的身体里会像垃圾一样，时间久了会出问题，所以，就像每天要倒垃圾桶一样，每天养成清理情绪的习惯，让不良的情绪得以释放和清理，以达到情绪的稳定。

（3）让和平成为常态：让和平宁静的情绪成为我们的常态。不良情绪也是我们的朋友，可以带领我们找到更好的自己。

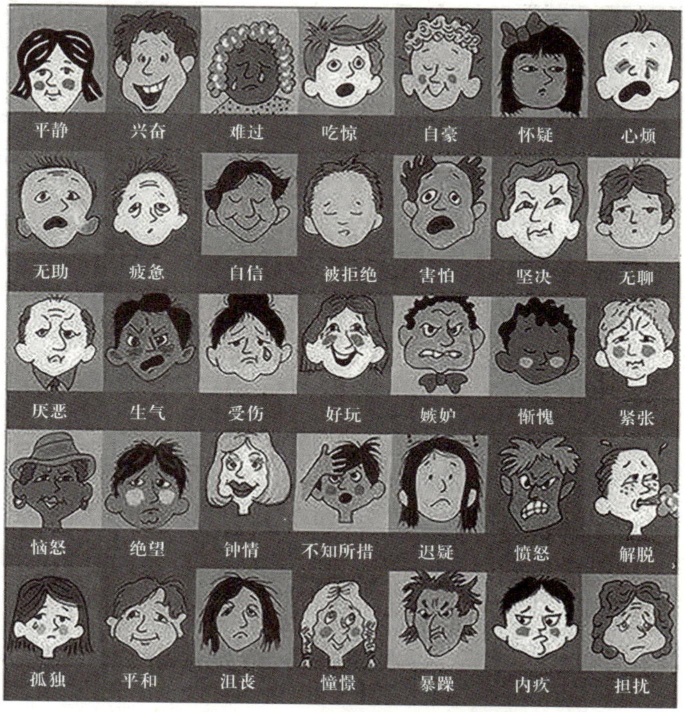

情绪图

心灵碰撞

刚才我们学习了消极情绪的调整办法，下面我们就一起动起来，练习一下，让我们的消极情绪释放出来。

放飞机的游戏

（1）首先请同学们准备一张纸，在纸上写上自己的名字，然后用水彩笔在纸上画一幅画来表达自己的情绪，可以为画涂上自己喜欢的颜色。

（2）将纸折成飞机放在课桌上，然后用自己的双手象征性地把自己的伤心、痛苦、沮丧等负面情绪，连同躯体反应特征，庄重地从自己的身体里抽离出来，寄托在纸飞机上，举行一个赋予仪式，然后用嘴巴哈一口气，放飞飞机。

（3）每个人捡起地上的一个纸飞机，展开，根据画上的内容，有针对性地写一首诗，然后放飞纸飞机。

（4）每人捡起地上的一个纸飞机，根据画和诗的内容写一个故事。故事要写满整个格子。

（5）等到写好故事之后，喊出飞机主人的名字，待确定其方位后，向其放飞他的纸飞机，让其捡起。

（6）每个同学都拿回自己的纸飞机，展开，花一分钟的时间仔细看上面的内容，再根据以上内容写一首诗。

（7）同学间互相分享，老师这时可以引导团体成员读出所创作的诗。

通过这个游戏，你有什么感受？

____

____

心海拾贝

我们要学会做自己情绪的主人，让好情绪成为我们生活的主旋律，就要做好情绪管理，并不是要消灭消极的情绪，而是要做好情绪的疏导和转化，调节消极情绪，保持积极情绪。我们学会了调节消极情绪的方法，那保持积极的情绪又有哪些方法呢？

韩美笑着说：“我每天都笑呵呵地生活着，做自己喜欢的事情，觉得很有意义。我特别喜欢在业余时间吹笛子，每天当我吹响笛子的时候，我感觉很开心、快乐、幸福。”

明川说：“我从内心里特别喜欢自己，我觉得自己有很多的优点，做事情也很认真，我对自己的未来充满信心。”

王雅静说："我帮助其他同学，和同学们友好相处的时候，感觉开心和快乐。"

田老师总结道："保持积极情绪有很多种方法，比如像韩美一样培养自己的兴趣爱好，像明川一样增加自己的信心，关爱自己；像王雅静一样创建良好的人际关系，帮助别人，实现自己的价值，这些都是很好的办法。"

你都有哪些积极的情绪体验呢？还有什么保持积极情绪的好办法呢？请你写一写。

心理游戏

田老师又给大家介绍了几种舒缓情绪的办法，大家可以在下次感觉不舒服的时候尝试一下，并写出自己尝试后的感受。

1. 暗示法

选准最佳时机，有意识地利用语言、动作、回忆、想象以及周围环境中的各种物体等对自己实施积极暗示，积极暗示可以消除负性情绪，减缓心理紧张，使心理保持平静和愉快。如背诵名人名言、回味成功经历、精心打扮自己等。

2. 换境法

固定的环境会使人逐渐失去兴趣，进而引发一些心理问题。适当变换一下环境，可以刺激人的自信心与进取心。如到远方旅行，能够转移精力，寄托情感，排解不良情绪带来的种种困扰。

3. 放松法

选择幽雅的环境，舒适的姿势，排除杂念，闭目养神，尽量放松全身肌肉，采用稳定的、缓慢的深呼吸方法，有解除精神紧张、压抑、焦虑急躁和疲劳的功效。吸气时双手慢慢握拳，微屈手腕，过敏性鼻炎症状吸气后稍稍屏息一段时间，再缓慢呼气，全身肌肉呈松弛状态。确定适合自己的频率来重复呼吸。

4. 幽默法

幽默是心理环境的"调节器"。当你受到挫折或处于尴尬紧张的境况时，可用幽默化解困境，维持心态平衡。幽默是人际关系的润滑剂，它能使沉重的心境变得豁达、开朗。

5. 音乐法

当你出现焦虑、抑郁、紧张等不良心理情绪时不妨听一听音乐，做一次心理"按摩"，优美动听的旋律，可以起到调适心理和转换情绪的效果，如《梁祝》的和谐，《步步高》的欢快，《秋日私语》的宁静等，会让你紧张焦虑的情绪放松，心情愉悦。

6. 观赏法

阅读精彩的图书，观赏优美的影视剧，容易唤起愉快的生活体验，释放紧张，排解忧郁，驱赶无聊。

7. 宣泄法

心理学家认为，宣泄是人的一种正常的心理和生理需要。当你悲伤抑郁时不妨向朋友倾诉；也可以进行一项你喜爱的运动；或在空旷的原野上大声喊叫，既能呼吸新鲜空气，又能宣泄积郁。

8. 逃避法

这是使心理环境免遭侵蚀的保护膜，在一些非原则性问题上不妨采取逃避措施，假装“糊涂”，无疑能提高心理承受的能力，避免不必要的精神痛苦和心理困惑。有了这层保护膜，会使你处乱不惊，遇烦恼不忧，以恬淡平和的心境对待生活中的紧张事件。

舒缓情绪的健康做法

1. 运用言语和想象放松

通过想象，训练思维“游逛”，如“蓝天白云下，我坐在平坦如茵的草地上”“我舒适地泡在浴缸里，听着优美的轻音乐”。在短时间内放松、休息，让自己得到精神小憩，你会觉得安详、宁静与平和。

2. 罗列法

可以把生活中的压力罗列出来，当你写出来以后，就会吃惊地发现只要你将它们一个个地“击破”，这些以前所谓的压力就可以成功地化解了。

3. 想哭就哭

医学心理学家认为，哭能缓解压力。心理学家曾给一些成年人测量血压，结果 87% 的血压正常的人都说他们偶尔有过哭泣，而那些高血压患者却大多数说从不流泪。看来，让情感抒发出来要比深埋在心里有益得多。

4. 拥抱大树

在澳大利亚的一些公园里，每天早晨都会看到不少人拥抱大树。这是他们用来减轻心理压力的一种方法。据称，拥抱大树可以释放体内的快乐激素，令人精神爽朗。

5. 看恐怖片

英国有专家建议，人们感到工作有压力，是源于他们对工作的责任感。此时他们需要的是鼓励，是打起精神。与其通过放松的技巧来缓解压力，倒不如选择刺激自己去面对充满压力的情况，比如去看一场恐怖的电影。（当然这个方法并不适合每个人，要根据自己的自身情况而定。）

6. 穿上称心的衣服

穿上一条平时心爱的旧裤子，套一件宽松衫，你的心理压力不知不觉就会减轻。因为穿了很久的衣服会使人回忆起某一特定时空的感受，人的情绪也为之而改变。

7. 增强心理品质

提高抗干扰能力，培养多种兴趣，积极转移注意力。由于客观原因，学生大多处在一种学习压力较大的状态下，这就要求一方面要积极调试放松；另一方面也应积极增强自己的心理品质。

8. 运动减压

如猛烈地骑自行车，击打麻袋。研究显示，比起缓慢的节奏，半个小时的高强度锻炼可以极大地降低你的压力。还有，它可以持续作用 90 分钟。

9. 暴力减压

随身携带一个网球、小橡皮球或是什么别的减压工具，遇到压力过大需要宣泄的时候就偷偷地挤一挤、捏一捏，显然要比在大家目瞪口呆之下歇斯底里地撕废纸、捶桌子好得多。

尝试的方法	尝试前的情绪	尝试后的情绪
音乐		
快跑		
⋮		

心香一瓣

电影欣赏：《龙猫》

电影《龙猫》海报

影片欣赏：小月的母亲生病住院了，父亲带着她与四岁的妹妹小梅到乡间居住。她们对那里的环境感到十分新奇，也发现了很多有趣的事情。她们遇到了很多小精灵，看到了很多的奇怪事物，更与一只大大胖胖的龙猫成为了朋友。龙猫与小精灵们利用他们的神奇力量，为小月与妹妹带来了很多神奇的景观，令她们大开眼界。妹妹小梅常常挂念生病中的母亲，嚷着要姐姐带着她去看母亲，但小月拒绝了。小梅竟然自己前往，不料途中迷路了，小月只好向龙猫及小精灵朋友们寻求帮助。

影片评价： 这部电影里最让我感动的是父亲、小月和小梅对生活的态度和看法。搬到乡下破旧的房子，两姐妹没有觉得简陋，反而欢呼雀跃。脏兮兮的家里的灰尘也被她们称为“灰尘精灵”。《龙猫》是宫崎骏的一部特别治愈的电影，影片告诉我们不管在什么情况下都要拥有乐观的心态。

影片观后感：

____

____

____

心路历程

通过今天的学习，你发现自己哪些关于情绪的小秘密，又是怎样保持积极情绪的，对自己的未来有什么新的期待，请记录下来吧。

不能改变环境，但可以改变自己；
不能改变事实，但可以改变态度。

活动九

结识益友同行

同学情

学习领域： 自省——和谐人际交往	学习情境： 结识益友同行	
姓名____________　班级____________ 日期______________________________		

心情故事

韩美的初中同学赵娜拉不喜欢和同学说话，她性格内向、敏感。心理健康课上，老师按出生年月日划分心理课的学习小组，赵娜拉被分到了第 2 小组。赵娜拉去找心理老师田老师，说想调组，田老师问她为什么要调组，她也说不出原因，所以田老师就拒绝了她，说组别是不能乱动的。赵娜拉趴在桌子上开始哭泣。

田老师把赵娜拉叫到办公室和她谈心。

田老师：“能说说你哭泣的原因吗？”

赵娜拉：“老师，我想去 1 组。”

田老师：“为什么想去 1 组呢？”

赵娜拉：“1 组有我喜欢的同学，我和她们能谈得来，我说话的时候她们能认真听，我能放得开。”

田老师：“在 2 组就不能放开吗？”

张娜拉：“我跟 2 组的人不熟悉，我看着他们不顺眼。”

田老师：“那 1 组的人，你看着都顺眼吗？”

赵娜拉："1组的最起码有三个看着顺眼，我觉得我能够和其他的同学处好。但是2组我只有一个看着顺眼，其他的都看着不顺眼，我觉得和他们处不好。"

田老师："你能跟老师多聊聊吗？是不是在以往的时候发生了什么呢？"

赵娜拉："在初中的时候，也是老师分了小组，但是那个小组的成员我都不喜欢，他们就孤立我、排挤我。我觉得我现在的性格和他们就有关系。"

田老师："哦，原来你在初中的时候，经历过这样的事件，它给你带来了创伤。"

赵娜拉："是啊，所以，老师你把我从2组调到1组吧，我不想在2组。"

田老师："目前2组的同学，已经不是你初中时候的同学了，现在的你也不再是初中时候的你了。相信你自己，可以和2组的其他同学处好关系的。如果说你和他们处不好关系，然后再找我调小组也不晚。分小组的目的就是要打破你们原有的朋友圈，重新组建一个新的朋友圈。你可以试试。"

赵娜拉："好的，那我试试吧。"

田老师拍了拍赵娜拉，对她的勇于尝试给予了赞扬。后来，赵娜拉融入了第2小组，愉快地和大家一起去探讨小组的建设去了。

亲爱的同学们，看了赵娜拉的故事，你觉得她遇到了什么问题呢？

____

____

心境探秘

人是社会性动物，我们需要彼此，需要归属感，我们需要与他人维系关系来获得关照、爱、欢乐、支持和信心等。我们之中的大部分人都在寻找能滋养身心的关系。关系是一个人生活的核心，因为我们生活在人群之中，每天都在和他人互动：从婴儿时期的依恋关系，到儿童时期的同伴关系，再到青春期的伙伴关系等。关系贯穿于我们每一个生命阶段，并反映出我们做的许多事情的本质。现在的你们正处于青春期，需要发展自我认同和归属感。与朋友互动、加入一个友谊团体可以帮助你们实现这些。友谊可以给你提供接纳和情感支持，尤其可以让你们变得更加独立，对父母的依赖有所减少，友谊是滋养你们成长的营养剂。

下面，我们做一个活动，一起来探索朋友之旅。

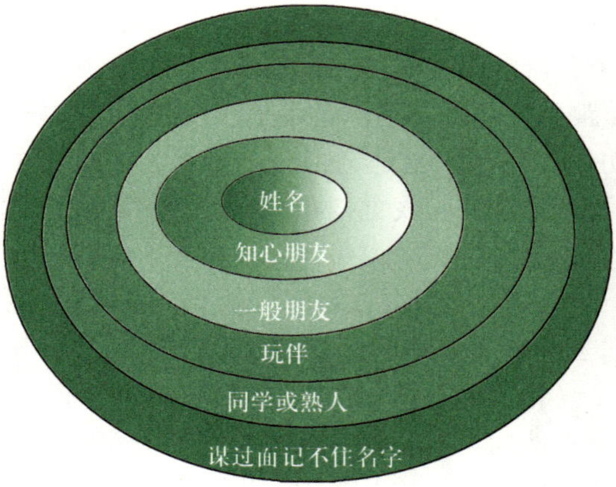

人际交往图

准备一张白纸，在纸的中央写上你的名字，画一个圆把名字圈起来，然后以你的名字为圆心，开始你的旅行。第一站接待你的是你的无话不谈的知心朋友，你有几个这样的朋友呢？如果没有，可以空着；继续向圈外旅行，进入第二站，接待你的是你的一般的朋友，一般的朋友有多少呢？都是谁呢？请写下他们的名字；和一般的朋友见面之后，继续朋友之旅，来到第三站，接待你的是你的玩伴，但你不认为他们是你的朋友，写下他们的名字；旅行还在继续，来到第四站，接待你的是能记住名字的同学或熟人，写下他们的名字；旅行接近尾声，来到一个陌生的环境，接待你的是曾经谋过面，但已经完全记不住名字的人，这样的人有多少个呢？写下大约的数字。

1. 完成这次朋友之旅后，看一下你的旅行轨迹，做如下思考：

看了你的朋友旅行轨迹图，你有什么感受？

____

____

朋友之旅第一站，接待你的知心朋友，他们的哪些特质吸引了你，让你们成了无话不谈的好朋友？

____

____

2. 以小组为单位，分享感受。组长汇总小组成员喜欢的朋友身上的共同特质：最重要的是1，其次是2，依此类推。

1.	4.
2.	5.
3.	⋮

通过大家的讨论，受欢迎的人格特质有以下几个方面：

（1）诚信：有诚信的人，让人感觉到安全，能够敞开心扉地和他谈论自己的秘密。

（2）相似性：性格、兴趣、态度、年龄、家境等方面相似，能让两个人的心走得更近。

（3）外表：长得顺眼，穿衣大方得体，口才好，说话风趣幽默的人比较受人欢迎。

（4）就近性：家住得比较近，或者座位挨得比较近，或者同宿舍的同学，成为朋友的机会更大。

（5）性格好：能力比较强，性格开朗，脾气温和的人，容易成为好朋友。

田老师："同学们，刚才我们进行了一次奇妙的朋友之旅，通过大家的分享讨论，我们总结出了受欢迎的朋友的特质。每个人都想成为别人的好朋友，每个人也都想有自己的好朋友。让我们一起来做一个游戏：**携手同行**。"

游戏规则：两人一组，其中一人扮演"盲人"，戴上眼罩。另外一人作为帮助者，搀扶"盲人"走过一段有障碍的路程。双方在行路过程中不能说话，但可以通过肢体语言进行提示。帮助者要完全确保"盲人"的安全，不要让"盲人"遭受碰撞、绊倒等伤害。完成任务后可以互换角色，再走另一段有障碍的路程。

"携手同行"示范图

道　　具：眼罩。

注意事项：全程静音，不允许说话，可以有肢体动作；注意安全。

1. 通过活动，思考如下问题：

刚蒙上眼睛时，你的感觉如何？当同伴搀扶着你走时，你又有什么感觉？

____

____

作为“盲人”，你觉得同伴最让你感到安全的做法是什么？

____

这个活动对你的人际交往有什么启发？

____

2. 以小组为单位，分享自己的感受，然后小组选派代表全班分享。

田老师：“刚才大家都积极地参与到了活动中，每个人的感受都很深刻。分享时你们也说到了：如果一个人没有亲人、朋友，他会感到孤独、寂寞、焦虑、恐惧，如果他有亲人、朋友，就会感到充实、快乐、安全。帮助别人从某种程度上讲是一种合作。因为一个愿意帮助别人的人、帮助过别人的人，他一旦遇到困难，一定会有人帮助他。合作意味着不完全是别人受益，自己也受益。任何人如果将自我封闭起来，夜郎自大，等待他的就只能是失败。只有与更多的人交往，与经历丰富的人交流，才可能获得更多更广泛的有益经验。”

多一个朋友多一条路，我们只有多交朋友，才能让我们的世界更加丰富多彩。为了让自己有更多的朋友，不妨试试如下交友的技巧和方法。

（1）倾听：设身处地地去体会朋友的感受，给朋友真诚的反应。保持适度的目光接触，适当地点头赞许和恰当的面部表情，避免分心或不耐烦的小动作。

（2）尊重：朋友说话时要专心听，不轻易打断朋友的话，不说让朋友感到伤心羞愧的话，让朋友感觉到你在尊重他。

（3）赞美：赞美要真诚，而不是阿谀奉承，赞美要及时，要注重时机，要具体化，不能空泛不切实际。

（4）宽容：不斤斤计较，对朋友的过失或冒犯要宽宏大量，对于朋友偶尔的失败、学习上暂时的落后等不嘲笑、冷笑、歧视，应给予热情的帮助。朋友犯了错误，要宽容他，相信他。

（5）关爱：朋友有困难时，主动伸出双手去帮助他，不在众人面前说长论短，搬弄是非。

（6）合作：遇到问题时共同解决，朋友的观点和自己的观点不一致时，心平气和地提出自己的意见。自己的意见不被采纳时，不赌气，要少数服从多数。

心灵碰撞

田老师："我们一起来听周华健的《朋友》，随着音乐，慢慢地让自己安静下来，回忆在过去的时光，我们是不是曾经由于不擅长人际交往，而和曾经最好的朋友发生误会或冲突呢？当时发生了什么呢？如果事情发生在现在，你会采取什么样的措施来处理和朋友之间发生的问题呢？把你想到的分享出来吧。"

____

____

____

心海拾贝

SOLER 模式与卡耐基建议

社会心理学家艾根通过研究指出，与陌生人相遇时，按照 SOLER 模式表现自己，可以明显地增加别人对我们的接纳性。S（SIT）代表"坐着面对别人"；O（OPEN）代表"姿势要自然开放"；L（LEAN）的意思为"身体微微前倾"；E（EYES）代表"目光接触"；R（RELEX）表示"放松"。从描述中我们可以得出"我很尊重你，对你很有兴趣，我内心是接纳你的，请随意"这样一种轻松良好的第一印象。卡耐基在其名著《交际的艺术》一书中，总结了给人留下良好第一印象的七条途径，即真诚地对别人感兴趣，微笑，多提别人的名字，做一个耐心的听者，鼓励别人谈自己，谈符合别人兴趣的话题，以真诚的方式让别人感到自己很重要。

关系的五个层次

层次（由浅入深）	举例
第一层：打招呼 肤浅的社交应酬有助于开启对话和创立友好关系。	A："你好！""今天天气真好！""吃早饭了吗？" B："你好！""嗯，是呢。""吃过了，你呢？"
第二层：讲事实 讲述客观事实，没有加入个人意见，也不牵扯人与人之间的关系。	A："你是哪里人？哪个学校毕业的？ B："我叫韩美，守敬中学毕业的。"
第三层：谈想法 双方都已建立了信任，可以谈自己的看法。	A："你为什么选择来这所中职学校就读？" B："我听说这个学校不仅注重技能的培养，同时注重个人素质的提升，所以我选择了这个学校。"
第四层：谈感情 在互相信任的基础上，并产生了安全感之后才能做到。双方处在这一层次时，会自然而然地愿意说出自己的想法。	A："最近遇到了什么困难吗？" B："坦白地讲，我和同桌闹别扭了，心里特别难受，我想和他处好关系。"
第五层：一致性 沟通的高峰，感受对方，帮助对方，理解对方的体验和感受，并尽力提供帮助。当建立了真正亲密的关系时，双方都能敞开心扉，达到心与心的共鸣。	A："谢谢你给我分享你的感受，遇到这样的事情的确很容易影响心情，如果没找到排解的方法，心里一定堵得慌。如果你愿意多聊聊，我们一起吃午饭可以继续说。"

心理测试

亲爱的同学们，为了更好地促进你和同学的关系，下面我们做一个小测试吧。

你与朋友相处有困扰吗？

请根据你的实际情况，对下列命题做出"是"或"否"的选择。

1. 对自己的烦恼有口难言。　是【　】否【　】
2. 和陌生人见面感觉不自然。　是【　】否【　】
3. 过分地羡慕或嫉妒别人。　是【　】否【　】
4. 与异性交往太少。　是【　】否【　】
5. 对连续不断地接触、交谈感到困难。　是【　】否【　】
6. 在社交场合感到紧张。　是【　】否【　】
7. 时常伤害别人。　是【　】否【　】

8. 与异性交往感觉不自然。 是【　】否【　】
9. 与一大群朋友在一起，仍感到孤寂或失落。 是【　】否【　】
10. 极易受窘。 是【　】否【　】
11. 不能与别人和睦相处。 是【　】否【　】
12. 与异性相处，不知道如何适可而止。 是【　】否【　】
13. 当陌生人对自己倾诉其遭遇以求同情时，觉得不自在。 是【　】否【　】
14. 担心别人对自己有什么坏影响。 是【　】否【　】
15. 总是尽力使别人欣赏自己。 是【　】否【　】
16. 暗自思慕异性。 是【　】否【　】
17. 常常避免表达自己的感受。 是【　】否【　】
18. 对自己的仪表（容貌）信心不足。 是【　】否【　】
19. 讨厌某人或被某人讨厌。 是【　】否【　】
20. 瞧不起异性。 是【　】否【　】
21. 不能专注地倾听。 是【　】否【　】
22. 自己的烦恼无处倾诉。 是【　】否【　】
23. 受别人排斥或冷落。 是【　】否【　】
25. 被异性瞧不起。 是【　】否【　】
26. 不能广泛地听取各种意见、看法。 是【　】否【　】
27. 自己常因受伤害而暗自伤心。 是【　】否【　】
28. 常被别人议论、愚弄。 是【　】否【　】
29. 不知如何更好地与异性相处。 是【　】否【　】

评分：

每题选择“是”计 1 分，选择“否”计 0 分，将各题得分相加，得出总分。

【你的总分】________

0 ~ 8 分　说明你与朋友相处的困扰较少。

9 ~ 14 分　说明你与朋友相处存在一定程度的困扰。

15 ~ 19 分　说明你与朋友相处存在较严重的困扰。

20 ~ 28 分　说明你与朋友相处存在十分严重的困扰。

将第 1、5、9、13、17、21、25 题得分相加，表明你在交谈方面的困扰程度。

【你的分数】________

6 分及以上　不善于交谈

3 ~ 5 分　交谈能力一般。

0 ~ 2 分　有较高的交谈能力和技巧。

将 2、6、10、14、18、22、26 题得分相加，表明你在交际与交友方面的困扰程度。

【你的分数】

6分及以上 在交友方面困扰较大。

3～5分 在交际与交友方面较为被动。

0～2分 在交友方面困扰少，为人真诚、热情。

将第3、7、11、15、19、23、27题得分相加，表明你在待人接物方面的困扰程度。

【你的分数】________

6分及以上 缺乏待人接物的能力与技巧。

3～5分 可能是多侧面的人。

0～2分 待人接物能力强。

将第4、8、12、16、20、24、28题得分相加，表明你与异性朋友交往的困扰程度。

【你的分数】________

5分 存在较严重的困扰。

3～4分 困扰程度一般。

0～2分 比较懂得如何正确处理与异性同学、朋友的关系。

心香一瓣

美文欣赏：天堂和地狱

一位一生行善无数的大善人临终前，有一位天使特地下凡来接引他上天堂。

天使说："大善人，由于你一生行善，成就很大的功德，因此在你临终前我可以答应你完成一个你最想完成的愿望。"

大善人说："神圣的天使，谢谢你这么仁慈。我一生当中最大的遗憾就是：我从来没见过天堂与地狱究竟是什么样子？在我死之前，你可不可以带我到这两个地方参观参观？"天使说："没问题，因为你即将上天堂，因此我先带你到地狱去吧。"

大善人跟随天使来到了地狱，在他们面前出现一张很大的餐桌，桌上摆满了丰盛的佳肴。"地狱的生活看起来还不错嘛，没有想象中的悲惨嘛！"大善人很疑惑地问天使。

"不用急，你再继续看下去。"

过了一会儿，用餐的时间到了，只见一群骨瘦如柴的人鱼贯地入座，每个人手上拿着一双长十几尺的筷子。每个人用尽了各种方法，尝试用他们手中的筷子去夹菜吃，可是由于筷子实在是太长了，最后每个人都吃不到东西。

"实在是太悲惨了，他们怎么可以这样对待这些人呢？给他们食物的诱惑，却又让他们吃不到。”

“你真觉得很悲惨吗？我再带你到天堂看看。”

到了天堂，同样的情景，同样的满桌佳肴，每个人同样用一双长十几尺的长筷子。不同的是围着餐桌吃饭的是一群洋溢着欢笑、长得白白胖胖的可爱的人们。他们同样用筷子夹菜，不同的是他们喂对面的人吃菜，而对方也喂他吃，因此每个人都吃得很愉快。

看了这个故事，你想说点什么吗？

____

____

田老师：“这个故事给我们阐述了一个深刻的哲理：团结协作就是天堂，彼此争斗就是地狱，助人就是助己，生存就是共存。

同学们，没有朋友，就像生活在地狱，不会与别人合作，就相当于把自己送入地狱。人人为我的前提是我为人人，主动帮助别人，别人就会帮助你，互帮互助才能合作共赢。

习近平总书记指出，世界是各国人民的世界，世界面临着困难和挑战需要各国人民同舟共济、携手应对，和平发展、合作共赢才是人间正道。大到国家之间搞好关系，合作才能共赢，小到人和人之间和谐相处才能共同成长。”

电影欣赏：《阳光姐妹淘》

影片介绍：25 年前，高中生任娜美一家从全罗道搬到汉城，娜美入读真德女子高中，因方言浓重怯于开口的娜美幸运地得到了同班大姐头夏春花的维护，并与围绕在夏春花周围的执着于双眼皮的金玫瑰、满嘴脏话的黄珍熙、梦想成为作家的徐金玉、要成为韩国小姐的俞福姬以及沉默傲慢的美人郑秀智五人结识。在一次和不良少女团对决之后，春花和娜美等七人组成了“Sunny”团体……

电影《阳光姐妹淘》海报

多年以后，家庭主妇娜美在去医院探望母亲

时偶然重逢了身患绝症住院的春花，后者希望在生命的最后两个月内，能够再见到当年的“Sunny”团成员。娜美找到金玫瑰，两人委托私家侦探寻找当年的同伴，而那些关于青春的回忆，也在一个个熟悉的名姓后面再次被唤醒。

影片评价：你读书的时光里一定有那么一群朋友，然后你们慢慢形成了小团体，你们说着别人不理解的词，你们悄悄地给别人起好了外号，你们分享着彼此最隐私的小秘密。很久很久以后的某一天，我希望你还能记得我，记得你的他，记得我的他，因为我们都共同拥有过这一切。友情是不褪色的战袍，当你拥有的时候依旧所向无敌，因为你知道她们是你最坚强的后盾。

影片观后感：

____

____

____

心路历程

在我们的一生中，有两个银行账户，一个是物质银行账户，一个是情感银行账户（也称为精神银行）。

情感银行存款：让对方开心，觉得被爱、被欣赏、被肯定、被认可、被鼓励……存款为正，根据事情的程度存入 +1 至 +10。

情感银行取款：让对方痛苦，觉得被批评、被拒绝、被伤害、被孤立、被排挤、被忽略……取款为负，根据事情的程度取款 -1 至 -10。

<u>同学情</u>情感银行______年____月份收支汇总表

序号	时间	地点	人物	事件	存 + 取 -
1					
2					
3					
4					
5					
6					
⋮					
汇总	月总结及感悟：				

存款丰厚：爱能宽恕很多过错，能让大事化小，小事化无，化危为机，关系和谐。

债台高筑：任何小冲突都有可能变成大伤害。

中职生的情感银行账户类别有父母情、师生情、同学情三类。存款越多，你和他人的关系越稳固，你的安全系数就越高，越能快乐幸福地成长！

让我们记录我们的情感收支，做一个情感富有的人吧！

没有谁能像一座孤岛，在大海里独居。每个人都像一块泥土，连接成整块陆地。

——约翰·多恩《没有人是一座孤岛》

活动十 感恩父母的爱

父母情

<table>
<tr><td>学习领域：
自省——和谐人际交往</td><td>学习情境：
感恩父母的爱</td><td rowspan="2"></td></tr>
<tr><td colspan="2">姓名____________　班级____________
日期______________________________</td></tr>
</table>

心情故事

今天是周五，心理健康课下课后，学生就可以回家了，这是大家盼望已久的时刻。放假可以不用出早操，可以不用上课，可以吃上有妈妈味道的饭菜，可以自由自在地放松玩游戏了。大家都是一副兴高采烈、两眼放光的表情，唯独周旭一副无所谓的样子。细心的田老师发现了周旭的与众不同。

田老师：“周旭，你不回家吗？”

周旭：“我不回家，家里像冰窖一样，还不如在学校呢。”

田老师很好奇，下课后就让周旭和她一起来到办公室。田老师先让周旭坐下，和周旭进行了如下对话。

田老师：“你说家里像冰窖一样，你能多说说吗？”

周旭：“我两三岁时父母就到外地打工，把我扔给了奶奶，我和他们在一起的时间很少。三年前，我父母去深圳打工，把我弟弟也带走了，每年只有春节回来几天。这不，去年受疫情影响，过年也没有回来。我奶奶岁数大了，不和我们住一个院子，我回家也不去奶奶家。家里只有一条我捡回来的流浪狗，我回去了就喂喂它，我不回去它就自己到处跑，捡点吃的。家里我唯一的牵挂就是那条狗，回去冷冷清清的，还不如学校温暖，所以我一般不回家。”

田老师：“想爸爸妈妈吗？”

周旭眼里有了泪光，无奈地说：“习惯了，原来想，但是想也不顶用啊，现在不想了。”

田老师：“你恨爸爸妈妈吗？”

周旭抬起头，强忍着泪水说：“有时候，看到其他同学的爸爸妈妈都在身边，我很羡慕，我多么希望我的爸爸妈妈也在身边啊！他们怎么那么狠心，把弟弟带在了身边，为什么不带走我，把我抛弃在家里，这样想的时候，我是有点恨他们的。”

田老师很心疼周旭，上前抱了抱他。

田老师：“平时和爸爸妈妈聊天吗？”

周旭：“我一般不主动和他们聊天，除非我没有生活费了，会给他们要。有时候妈妈会和我微信视频联系，也是问问生活上的事，爸爸很少和我说话。说实话，我觉得自己像一个孤儿一样。”

田老师：“你希望爸爸妈妈怎么做呢？”

周旭：“我当然希望爸爸妈妈能回家，陪伴在我身边。放假了，我回到家里有爸爸妈妈在，我有困难的时候爸爸妈妈能帮我，我想吃妈妈做的饭，想和爸爸聊聊天……但我知道，他们做不到，他们不爱我，他们只爱钱。”

田老师：“你觉得爸爸妈妈不爱你吗？”

周旭：“我感觉不到，我觉得他们爱我弟弟。”

田老师：“你是不是也希望爸爸妈妈像爱弟弟一样爱你呢？你问过爸爸妈妈吗？为什么要背井离乡去那么远打工？为什么带走弟弟而把你丢在家里？”

周旭：“当然希望了。我也懒得问他们，反正我已经习惯了，我也不指望他们了，只能靠我自己。”

田老师：“周旭，给你留个小练习，这个小假期和爸爸妈妈好好聊聊，把你心中的疑问去向爸爸妈妈核实。”

亲爱的同学们，看了上面周旭的经历，你觉得他遇到了什么困惑呢？你有什么感受呢？

周旭的困惑：________________________________

你的感受：________________________________

田老师："十六七岁正处于情感、性格变化的转折时期，对自身变化、人际交往等方面存在困惑，需要有倾诉的渠道，也需要有人指导怎样正确对待这些问题。周旭的父母常年在外打工，只是给周旭生活费和必需的物质需要，无暇顾及周旭的情绪、情感变化，并且平时很少和他联系。周旭生活中遇到困难就自己想办法，受到委屈就憋在心里，认为父母不爱他，父母是真的不爱他还是另有原因呢？下面我们进入心境探秘环节。"

心境探秘

亲爱的同学们，在你成长的过程中，你和爸爸妈妈的关系怎么样呢？下面我们一起来一次亲情之旅吧。

亲情之旅

请大家把眼镜和手表摘下来，选择一个舒适的坐姿，坐在凳子的前 1/3 的位置，双手放在大腿上，双脚踏地，脊椎挺直，感觉仿佛有一根线在向天花板的方向拉伸我们的整条脊椎，想象坐在凳子上的尾椎骨在慢慢地融入大地，轻轻地闭上眼睛，放松我们的肩膀，放松眉头、眼皮、脸颊，感受舌尖轻轻地抵在前腭，放松我们的唇和齿，接下来，做深呼吸，感受我们的呼吸，深深地吸气，想象吸气沉入小腹，缓缓地吐气，呼气从小腹向上托出，配合收腹，吸气要吸足，呼气要呼净，吸气呼气均匀缓慢，反复深呼吸 6 次。

好，接下来，让我们回顾一下生命中美好的一切。我们的父母给了我们生命，爸爸妈妈是我们生命当中最重要、最至亲的亲人，他们抚育我们成长，没有他们，就没有我们的生命。十几年前一个小生命呱呱落地，是父母喂养我们长大，教我们说第一句话，走第一步路，学会穿第一件衣服。我们从胎儿、婴儿、幼儿成长为今天的青少年，一路走来，我们的父母有过多少的爱、关怀，有过多少的呵护、辛劳，有过多少的汗水、眼泪，有过多少的等待、牵挂和思念。我们

一家人春游

每次离家去学校的时候，有父母给我们的一份深切的嘱托、关注、期望和牵挂。你还记得从小到大，父母为我们做的事情吗？父母最让你感动、感恩的一件事是什么？发生那件事时你几岁呢？事情的经过是怎么样的呢？你为什么记得那么清楚呢？（停 30 秒）你看得见今天父母亲为你做的那些事吗？你常常为此感恩吗？（停 20 秒）好，轻轻地睁开眼睛，伸个懒腰，让自己回到课堂。

1. 在你成长的过程中，父母最让你感动、感恩的事是：

____

____

2. 以小组为单位，分享自己和父母的感人故事。

3. 以班级为单位，每个组派一个代表分享自己的故事。

田老师："周旭同学，这个环节，你想到了什么呢？能给大家分享一下吗？"

周旭："我想到了在我七岁那年的冬天。当时我父母在县城打工，我和爷爷奶奶住在村里。一天夜里我发高烧，爷爷给我爸爸打电话，爸爸妈妈第一时间赶回家，带我到县城医院急诊科看病。爸爸背着我跑上跑下做各种检查，妈妈心急如焚，我感到爸爸妈妈是爱我的。现在爸爸妈妈去外地打工，也是迫不得已，因为我和弟弟都是男孩，爸爸说要给我们盖房子，爷爷奶奶都是农民，没有其他收入，现在岁数大了，需要爸爸养老。在当地打工挣得太少，所以他们背井离乡去深圳打工了。我知道了爸爸妈妈也是爱我的。"

田老师："刚才大家分享的故事都那么感人，父母疼我们，爱我们，想知道我们的点点滴滴，我们需要什么，他们就想快速地满足我们。那么，亲爱的同学们，你了解父母吗？下面我们进入下一个环节。"

心灵碰撞

给大家五分钟的时间，做个小测试，把答案填写在下面的空白处。

爸爸的生日__________________；妈妈的生日__________________；

爸爸最喜欢的水果______________；妈妈最喜欢吃的菜______________；

爸爸鞋子的尺码________________；妈妈鞋子的尺码________________；

爸爸的身高__________________；妈妈的身高__________________；

爸爸的业余爱好________________；妈妈最好的朋友是______________；

爸爸最自豪的一件事＿＿＿＿＿＿；妈妈最遗憾的一件事＿＿＿＿＿＿；
爸爸的最大优点＿＿＿＿＿＿；妈妈的最大优点＿＿＿＿＿＿；
爸爸对我的期望＿＿＿＿＿＿；妈妈对我的期望＿＿＿＿＿＿；
爸爸妈妈的结婚纪念日＿＿＿＿＿＿。

你了解你的父母有多少呢？小组分享测试结果及感受。

田老师："一个家庭的幸福和谐，离不开家庭的每一个成员，需要每个成员都要尽自己的力量。父母和孩子之间会发生矛盾，如果孩子能主动沟通，会更有利于家庭的和谐，大家不妨试试下面的方法。"

（1）主动交流：每天找一点时间，比如饭前或饭后，和父母主动谈谈自己的学校、老师和朋友，高兴的事或不高兴的事，与家人一起分享你的喜怒哀乐。

（2）创造机会：每周至少跟父母一起做一件事，比如做饭、打球、逛街、看电视。边做事情、边交流。

（3）认真倾听：当被父母批评或责骂时不要着急反驳，试着平心静气地先听完父母的想法，说不定你会了解父母大发雷霆背后的理由。

（4）控制情绪：与父母沟通不良时，不随意发脾气、顶嘴，避免不小心说出或做出伤害别人的事。想要动怒时，可以深呼吸、离开一会儿，或用凉水洗把脸。

（5）善于体谅：可能错不在你，你有很大的委屈，但是先不去争辩。也许父母过于劳累或工作生活中遇到了麻烦。换个时间和地点，再与父母沟通，会有意想不到的效果。

（6）讨论问题，达成协议：学会遇事多与父母讨论，并就如何行动达成协议。

心海拾贝

亲爱的同学：

你是世界上独一无二的，你很重要，父母给了你生命，给了你体验这个世界的机会。

马克思对父母之爱做过如下的描述："还有什么比父母心中蕴藏着的情感更为神圣的呢？父母的心，是最仁慈的法官，是最贴心的朋友，是爱的太阳；它的光焰照耀、温暖着凝聚在我们心灵深处的意向！"

当你听到婴儿呱呱坠地的第一声啼哭时，你是否会想到母亲曾经历了生产的千辛万苦，无数次的阵痛，甚至忍受手术的痛苦和恐惧。当你生病时，你是否看到父母那疼爱而充满焦虑的眼神？当你在学业上有了小小的进步时，你是否感受到父母的欣喜？当你遇到挫折时，你是否体验到了父母的寝食难安？他们倾其所能，为你撑起一片蓝天……

亲爱的同学，感恩父母是人的天性，是做人的基本修养。一个会感恩父母的人是具有人间美好感情的人。在爱的付出与回报中，你一定能享受到亲情的醇厚，体验生命的愉悦与美好。

下面我们一起欣赏一首小诗：

父母的能与不能

我能给予你生命，但不能替你生活。

我能教你许多东西，但不能强迫你学习。

我能指导你如何做人，但不能为你所有的行为负责。

我能告诉你怎样分辨是非，但不能替你做出选择。

我能为你奉献浓浓的爱心，但不能强迫你照单全收。

我能教你与亲友有福同享，有难同当，但不能强迫你这样做。

我能教你如何尊重他人，但不能保证你受人尊重。

我能告诉你真挚的友谊是什么，但不能替你选择朋友。

我能对你进行性教育，但不能保证你保持纯洁。

我能对你谈人生的真谛，但不能替你赢得声誉。

我能提醒你，酒精是危险的，但不能代替你对它说“不”。

我能告诉你，必须为人生确定崇高的目标，但不能替你实现这些目标。

我能教给你做人的优良品质，但不能确保你成为善良的人。

我能责备你的过去，但不能保证你因此而成为有道德的人。

我能告诉你如何生活的更有意义，但不能给你永恒的生命。

我能肯定我将尽我自己最大的努力给予你最美好的东西，但不能给予你前程和事业。

……

孩子，我能为你做很多，因为我爱你；但是，你要明白，即使我愿意永远和你在一起，还是要由你自己做出那些重要决定。为此，我只求灿烂阳光永远照亮你的人生之路，使你总能做出正确决定。

通过上面几个环节，你是不是有想对父母说的话呢？想说就大胆地说出来吧。

爸爸妈妈我想对你们说：________________________________

____

____

心理测试

亲爱的同学们，为了更好地促进你和父母的关系，更好地感恩父母，下面我们做一个小测试吧。

你对父母的“感恩指数”有多高？

下面的测试能帮助你了解自己的感恩指数，请从下列选项中找出最适合你的答案。

1. 作为孩子，你认为有必要向父母感恩吗？

   A. 非常有必要

   B. 无所谓

   C. 没有必要

2. 你怎样理解报答父母的养育之恩？

   A. 源于血浓于水的亲情

   B. 社会舆论和道德的要求

   C. 一种偿还

3. 你理解自己的父母吗？理解的程度是怎样的？

   A. 非常理解

   B. 知道他们真正的想法

   C. 有时候理解

   D. 不理解

4. 你知道父母的年龄及出生年月吗？你能在第一时间准确地说出来吗？

   A. 知道，也能准确地说出来

   B. 只知道大概

   C. 不知道

5. 你关心并了解父母的身体健康状况吗？

   A. 关心，也比较了解

   B. 一般，有时候想起来问问

   C. 不太关心和了解

6. 你知道父母从事什么工作及具体的工作内容吗？

   A. 知道

   B. 知道一部分

   C. 不太清楚

7. 你了解家里的经济状况情况吗？

   A. 非常了解

B. 比较了解
C. 不了解

8. 你经常和父母聊天，或者谈自己的想法吗？
A. 是的，经常
B. 偶尔
C. 从来不

9. 你经常向父母说感谢的话，或者“我爱你”吗？
A. 是的，经常说
B. 有时候说
C. 几乎不说

10. 你经常拥抱自己的父母吗？
A. 经常拥抱，我喜欢拥抱他们
B. 有时候拥抱一下
C. 从来没有过

11. 你上次帮父母洗碗、扫地或者擦桌子是在什么时候？
A. 昨天
B. 好像是两个星期以前
C. 时间太长，早就忘了

12. 你对父母说过谎话吗？
A. 从来没有说过，我没什么要隐瞒他们的
B. 说过一次
C. 说过几次

13. 你经常和父母发生争吵吗？
A. 从来不，意见不一致时我会和他们沟通
B. 偶尔发生
C. 经常发生

14. 面对父母的教导和批评，你的态度是怎样的？
A. 虚心接受，认真改正自己的缺点和错误
B. 有时候听
C. 基本上不听，坚持自己的想法

15. 你认为自己是个懂得感恩的人吗？
A. 应该是吧，我觉得自己做得很好
B. 还可以，做得一般
C. 有些勉强，我做得不够好

根据你的选项，看看你的感恩指数有多高呢？

选 A 最多：说明在对父母感恩这方面你做得很好，但测试中列举的问题并不是全部，请你继续努力，做一个理解关爱父母的好孩子，并把感恩的心付诸行动，去做感恩的事。

选 B 最多：说明你有一颗感恩的心，但做得还不够好，以后在生活中要学着关心、了解父母，选择恰当的方式和他们沟通。经过一番努力之后，相信你的感恩指数会一路飙升。

选 C 最多：这时你就要提高警惕了，你的感恩之心还不够，还有一定的差距，但也不要沮丧，从前面的问题中找一些提示，想想自己接下来该怎么做。

通过这个测试，你是否对以后如何感恩有一个完整的规划呢？

说明：以上测试仅供参考，不必刻意对号入座，如果你想对自己的心理做进一步的了解，可到学校心理辅导室找专业的心理老师求助。

心香一瓣

（一）家风的重要性

家庭是社会的基本细胞，家庭的前途命运同国家和民族的前途命运紧密相连。党的十八大以来，以习近平同志为核心的党中央高度重视家庭文明建设，积极回应人民群众对家庭建设的新期盼新需求，推动社会主义核心价值观在家庭落地生根，推动形成社会主义家庭文明新风尚。习近平同志围绕注重家庭、注重家教、注重家风建设发表的一系列重要论述，立意高远，内涵丰富，思想深刻，对于动员社会各界广泛参与家庭文明建设，努力使千千万万个家庭成为国家发展、民族进步、社会和谐的重要基点，把实现个人梦、家庭梦融入国家梦、民族梦之中，汇聚起全面建设社会主义现代化国家、实现中华民族伟大复兴中国梦的磅礴力量，具有十分重要的意义。

家风是社会风气的重要组成部分。家庭不只是人们身体的住处，更是人们心灵的归宿。家风好，就能家道兴盛、和顺美满；家风差，难免殃及子孙、贻害社会，正所谓“积善之家，必有余庆；积不善之家，必有余殃”。广大家庭都要弘扬优良家风，以千千万万家庭的好家风支撑起全社会的好风气。

（二）曾国藩的家风

勤奋、俭朴、求学、务实的家风家训一直为曾家后人所传承。曾国藩曾留下 16 字箴言家风：“家俭则兴，人勤则健；能勤能俭，永不贫贱。”

以俭持家。曾国藩一直要求家人生活简朴，远离奢华。他在京城见到世家子弟一味地奢侈腐化，挥霍无度，便不让子女来京居住。他的原配夫人一直带领子女住在乡下老家，门外不许挂“相府”“侯府”的匾。曾国藩要求“以廉率属，以俭持家，誓不以军中一钱寄家用。”夫人在家手无余钱，亲自下厨、纺织。

勤于治学。除了“俭”，曾国藩对子女的另一条要求是“勤”。曾国藩坚持给子女写信，为他们批改诗文，探讨学业和生活中的种种问题。他写信给儿子曾纪泽，要他每天起床后，衣服要穿戴整齐，先向伯、叔问安，然后把所有房子打扫一遍，再坐下来读书，每天要练 1 000 个字。

曾国藩还敦促家人每日坚持学习，并多次为全家拟定严格的学习计划：“吾家男子于看、读、写、作四字缺一不可。女子于衣、食、粗（工）、细（工）四字缺一不可。”

重视家教。曾国藩有三子五女，小女儿曾纪芬最长寿，活到 91 岁。1875 年，曾纪芬嫁入湖南聂家，曾国藩规定每个女儿出嫁，嫁妆不得超过二百两银子，同时嫁妆中还有父亲亲手书写的功课单。曾国藩把女儿培养成一个勤俭持家的家庭主妇，实际上女儿做的比父亲期望的更好。

看了上面两篇文章，是不是感受到了家风的重要性呢？你家的家风是什么呢？如果不知道或不清楚，可以课下问问你的父母或爷爷奶奶，记录下来分享给大家吧：

____

____

电影欣赏：《亲情无价》

影片介绍：本片根据《纽约时报》专栏作家安娜·昆德兰 1994 年的同名小说改编。艾伦·戈尔登从哈佛大学毕业后供职于纽约某杂志，事业正在上升期，却因母亲凯特身患癌症不得不放下工作返回宾夕法尼亚州的朗赫恩小镇照顾家庭。艾伦一直很崇拜教授美国文学的学者父亲乔治，但不太看得起身为家庭妇女的母亲。在照顾母亲的过程中，艾伦发现了母亲生活的不易，也发现了父亲的很多黑暗秘密。就在家庭关系的摇摆震荡中，艾伦终于第一次了解了自己的父母，也终于找到了生命中最真实的感动。

影片评价：这是一部家庭片，剧情并无太多新意。小镇上温馨的家、在大学当文学系主任的父

电影《亲情无价》海报

亲、一心一意操持家务的母亲、在外读书工作的儿女。女儿从小崇拜父亲，因观念差异与母亲一直不太亲密。在母亲得了癌症后，她搁下工作，勉强回到小镇，操持起母亲原本操持的家务，参加母亲与邻居太太们的俱乐部，又目睹了父亲对家庭责任的不作为以及对母亲的不忠，她终于认识到原来父母并不是她从小以为的那种人，原来母亲比她想象的坚强和聪慧得多。父亲一直是她的榜样，当他的完美形象崩塌后，她似乎有些迷失了。这种对家庭、亲情、自我完全不同的新感悟，使她明白：相比做一个成功的记者，眼前所拥有的一切更加值得珍惜。

影片观后感：

____

____

____

心路历程

在我们的一生中，有两个银行账户，一个是物质银行账户，一个是情感银行账户（也称为精神银行）。

情感银行存款：让对方开心，觉得被爱、被欣赏、被肯定、被认可、被鼓励……存款为正，根据事情的程度存入 +1 至 +10。

情感银行取款：让对方痛苦，觉得被批评、被拒绝、被伤害、被孤立、被排挤、被忽略……取款为负，根据事情的程度取款 –1 至 –10。

__父母情__情感银行________年____月份收支汇总表

序号	时间	地点	人物	事件	存 + 取 –
1					
2					
3					
4					
5					
6					
⋮					
汇总	月总结及感悟：				

存款丰厚：爱能宽恕很多过错，能让大事化小，小事化无，化危为机，关系和谐。

债台高筑：任何小冲突都有可能变成大伤害。

中职生的情感银行账户类别有父母情、师生情、同学情三类。存款越多，你和他人的关系越稳固，你的安全系数就越高，越能快乐幸福的成长！

让我们记录我们的情感收支，做一个情感富有的人吧！

父母之恩，水不能溺，火不能灭。

——苏联谚语

活动十一

珍惜师生情谊

师生情

学习领域： 自省——和谐人际交往	学习情境： 珍惜师生情谊	
姓名__________ 班级__________ 日期____________________		

心情故事

韩美是一个活泼开朗，爱说爱笑、爱跳爱唱的女生。在刚开学的时候，班主任临时委派了几个班干部，韩美没有在委派之列。她很羡慕被委派为班干部的同学，同时也很郁闷，觉得自己没有被老师重用。她认为老师不喜欢她，在心里和老师对立了起来，不和老师沟通交流，见了老师就躲着走，和老师的心越来越远。

教师节的时候，学校组织文艺汇演，要求每个班出一个节目。老师就对韩美说："韩美，教师节学校要进行文艺汇演，你会唱歌跳舞，你组织咱班几个同学编排一个节目吧。"韩美非常高兴，"老师把这么重要的任务委派给我，看来老师也是在乎我的，也是欣赏我的。"所以韩美就非常努力地去选拔同学，去编排节目。

经过韩美和同学们的努力，在文艺汇演中她们的节目受到了全校师生的欢迎。韩美不仅当上了文艺委员，还被选到了学校的文艺部。

后来在一次感谢师恩的演讲比赛中，韩美说道："在我成长的过程中，老师是伯乐，鼓励激发了我的潜能；老师是我生命中的贵人，让我明白了人生的努力方向，感谢老师！”同学们给予了她热烈的掌声。

她对老师充满着感激，老师的鼓励陪伴着她健康快乐地成长，她和老师的关系由最初的冷淡到现在越走越近。

田老师：“亲爱的同学们，看了韩美的故事，在你成长的过程中，你是否遇到过和她类似的遭遇呢？你能感受到老师对你的关爱吗？”

你的感受：____

田老师：“在日常的学习生活中，我们经常会遇到这种情况，有时候我们觉得老师离我们那么的远，高高在上，不容易接近，其实那是自己给自己设限了。当你主动走近老师，尊重和理解老师的时候，就会发现老师是关爱每一个学生的。和老师之间的互动会让你更加快乐，更有利于你的成长！”

心境探秘

孔子说：“师者，传道授业解惑也。”老师是我们的引领者，没有老师，人类的文化就难以传承和进步，社会就不会发展。

亲爱的同学们，闭上眼睛，深呼吸，让自己安静下来，回顾从我们出生的那一刻，我们就遇到了人生的第一任老师——父母，然后我们上幼儿园、小学，初中，直到现在上中职学校，再加上平时我们上的各种各样的辅导班，你大约遇到了多少位老师呢？能叫上来名字的老师有多少呢？回顾给你鼓励帮你成长的，或者发生矛盾的，令你最难忘的老师与你的故事。你从老师那里都获得了什么？

1. 从幼儿园至今你遇到了大约____位老师，能记住的老师的名字：__________

____

2. 记录你和老师的故事：__________________________________

____

____

3. 以小组为单位分享 1 和 2 的内容。

4. 每个小组派代表在全班分享和老师之间的故事。

田老师：“刚才听到大家讲述自己和老师的故事，有的是由于老师的爱，让自己迷途知返；有的是由于老师的某些做法让自己不喜欢这个老师，从而不喜欢老师所教的学科，成绩一落千丈，等等。不论是哪一类，都是在你们成长过程中印象深刻的和老师的故事，从中也可以看出，老师是学生成长中重要的人，影响着一个学生的变化，不知不觉中，老师被‘神话’了。其实，老师就是老师，老师首先是一个平凡的人，他也有自己的局限性和弱点，我们要理解老师的局限性和弱点。下面，我们进入下一个环节。”

心灵碰撞

亲爱的同学们，我们来做一个游戏，体验一把当老师的感觉，游戏的名称是："人生领航者"。

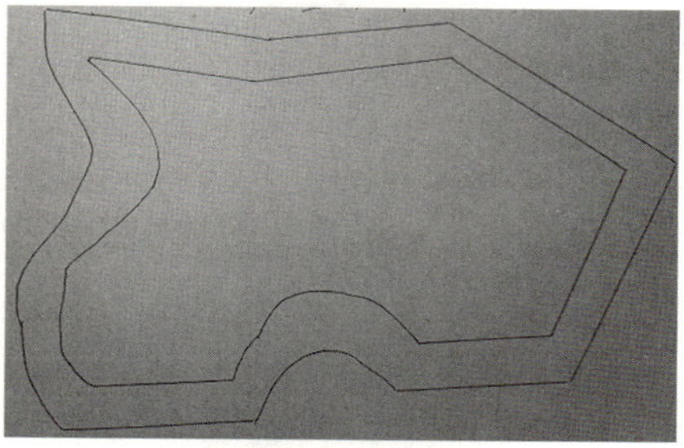

心理游戏配图

游戏规则：A、B两人一组，A戴上眼罩作为学生，B作为老师引导A用水彩笔在A4纸上完成模拟的人生轨道。A完成后，两人互换角色，再次体验。

道具：眼罩、水彩笔、画有人生轨道的A4纸。

注意事项：引导者只能用语言引导，禁止用肢体语言。

（1）作为引领者（老师）和被引领者（学生），你的感受是什么？

____

____

（2）以小组为单位，分享自己的感受。

（3）组长用四个关键词来概括汇总小组成员分享的活动感受，写在有代表性的人生轨迹A4纸上，然后派小组代表在全班分享。

田老师："刚才我们每个人都体验了当老师的感觉，大家的感触颇多，教学过程实际上也是师生的交往过程，任何成功的教学都必须以良好的师生关系为基础。师生关系的好坏对学生的学习动机、兴趣、态度和成果有明显的影响。"

人际交往过程中有一个重要的原则——黄金定律：你希望别人怎么对待你，那么你就要怎么去待人。我们在和老师的关系中，希望老师尊重自己，相信自己，那么我们必须尊重老师，相信老师，这是做人最起码的道理。老师与学生彼此尊重信任，就能形成师生之间的良性互动，尊重信任老师，也就是尊重信任自己。如何构建和谐的师生关系呢？

第一，正确认识师生关系

许多老师热爱教育事业，热爱我们，能正确地对待我们，按我们的认知特点进行教育和教学，从而与我们之间形成民主、平等、和谐的师生关系。但不可否认，高压型、放任型和管教型的师生关系也是存在的，而且是不利于师生之间正常交往的。

第二，掌握与老师交往的方法

不管我们感受到与否，大部分老师的出发点还是为了帮助我们进步成长。因此，与老师交往时要理解老师的苦心。当然，这并非要求我们一味地服从，如果老师确有不当之处，也应该提出来，关键是方式要得当。

与老师沟通和交流的方法有：

（1）不管遇到什么事情，面对老师，都要坦诚地说出自己的观点与感受，陈述事实，让老师明了情况，取得老师的理解。

（2）在被老师误解时或和老师发生矛盾冲突时，停止争辩，保持冷静，让情绪降温，反省自己，查找自身原因。私下主动找老师，心平气和地和老师交换意见，消除误解，才能得到老师最深沉的爱。

（3）不强求老师对自己的格外关注，以平和的心态面对老师的表扬和批评。不因老师的批评而懊恼，也不必因老师的表扬而沾沾自喜。

（4）尊重老师。老师也是人，也有不完美的地方，不能渴求老师十全十美，应该尊重老师的人格，尊重老师的劳动，尊重老师的工作和拥有的知识。

（5）关心老师。“老师您好！”“老师您辛苦了！”体谅老师的辛苦，关心老师的身体健康，是对老师最大的安慰与爱戴。

心海拾贝

老师到底是什么样的人，老师的心理世界是什么样的呢？我们充满了好奇，让我们去采访一下身边的老师吧。三人一组，一人作为记者采访，两个人负责记录。

我与老师面对面

尊敬的老师，您好！您能抽出20分钟的时间，接受我们的采访吗？谢谢老师。

1. 您如何形容教师这个职业？
2. 生活中最让您快乐的事是什么？最让您烦恼的事是什么？
3. 您心目中的好学生是什么样子的？
4. 您的兴趣爱好是什么？
5. 您喜欢看的书或喜欢听的音乐是什么？
6. 在与学生的接触中，您觉得最难处理的事情是什么？
7. 您希望在学生心目中是怎样的一个人？
8. 您目前最想做的事情是什么？
9. 对您影响最大的人是谁？
10. 回顾您的成长经历，您最想与我们分享的成长体会是什么？
11. 您觉得最理想的师生关系应该是怎样的？

12. 您最遗憾的事情是什么？您最得意的事情是什么？
13. 如果学生达不到您的期望，您会如何看待这个学生？
14. 您如何看待网络游戏？
15. 您如何看待学生和手机的关系？
16. 如果您送给我们一句话，您最想说的是什么？

通过采访，你们对老师是不是有了更全面的认识呢？三人小组写出采访报告，全班分享。我们眼中真实的老师：________________

____

____

田老师："老师就是老师，一方面，老师是平凡的一个人，他们有着平凡的想法、平凡的喜怒哀乐、平凡的期望，过着平凡的生活。另一方面，老师是人类灵魂的工程师，是人类文明的传承者，承载着传播知识、传播思想、传播真理，塑造灵魂、塑造生命、塑造新人的时代重任。老师的工作具有特殊的意义和价值，没有老师，人类的文化就难以延续发展，整个社会就难以进步。

在我们成长的过程中，凝结着老师的心血，是老师把我们从一个无知的孩童培养成一个有知识、有教养、对社会有用的人才。回报老师，不需要轰轰烈烈地做出惊天伟业，平时我们一句感谢老师的话语，一个领悟的眼神，一个会心的微笑，都是尊重老师、理解老师的表现，会使老师感到欣慰，会使老师倍感幸福。让老师成为我们的良师益友，在尊师、爱师、乐学中，使我们的中职学生时代更加绚丽多彩。

让我们一起朗诵一首小诗：

老师，我想对您说！

老师，我想对您说：
您的音容笑貌，您的举手投足，时常展现在我的眼前；
您的关心、爱护，一直萦绕在我的脑海里；
您的循循善诱，谆谆教导，至今铭记在我的心中；
您和我们一起时的一切，都如同昨日历历在目。

老师，我想对您说：
是您给了我学习的自信；

是您给了我生活的勇气；
是您给了我发奋图强的动力；
是您给了我奔向好前程的希望。

老师，我想对您说：
您是我开启智慧的敲门砖；
您是我打开幸福之门的金钥匙；
您是我生活航程中的引路人；
您是我奏响人生乐章的指挥者。

老师，我想对您说：
如果没有您，或许我就会自暴自弃；
如果没有您，或许我就会那么沉迷下去；
如果没有您，或许就没有我生活的前景；
如果没有您，或许就没有今天的我。

老师，我想对您说：
感谢您风雨之中为我遮挡；
感谢您冰天雪地之时给予我温暖；
感谢您对我的培育之恩；
感谢您对我的知遇之情。

老师，我想对您说：
祝愿您健健康康，幸幸福福，和和美美，快快乐乐地度过每一天！

在生活中，你最想对哪个老师说呢，大胆地说出来吧：
亲爱的________老师，我想对您说：______________________________

____

____

心理测试

亲爱的同学们，为了更好地促进你和老师的关系，下面我们做一个小测试吧。

你与老师相处有困扰吗?

请根据你的实际情况，对下列题目做出“是”或“否”的选择。

每题选择“是”计1分，选择“否”计 -1 分。将各题得分相加，得出总分。

1. 你经常不能明白老师的讲解。　是□　否□
2. 某位老师讨厌你或你讨厌某位老师。　是□　否□
3. 老师常以纪律压制你。　是□　否□
4. 老师的讲课不能吸引你。　是□　否□
5. 老师不了解你的忧虑与不安。　是□　否□
6. 你的意见常被老师不加考虑地否定。　是□　否□
7. 老师把考试成绩的高低作为衡量学生优劣与奖惩的尺度。　是□　否□
8. 你找不到一位能倾诉内心秘密的老师。　是□　否□
9. 老师常体罚或变相体罚你。　是□　否□
10. 老师常给你增加学习负担。　是□　否□
11. 某位老师对你有点儿冷漠。　是□　否□
12. 你的思想常被老师支配和左右。　是□　否□
13. 你在学习上的创造性见解常得不到老师的肯定。　是□　否□
14. 老师常让你感到紧张与不安。　是□　否□
15. 老师常因误解你的行为而训斥你。　是□　否□
16. 老师无法帮助你改进学习方法。　是□　否□
17. 老师很少与你倾心交谈。　是□　否□
18. 你常屈服于老师的命令与权威。　是□　否□

【你的总分】____

8 ~ 18 分　表明困扰程度严重或较严重。

-8 ~ 7 分　表明困扰程度中等。

-18 ~ -9 分　表明困扰程度较轻或很轻微。

将1、4、7、10、13、16题的得分相加，该分数表明在教学过程中师生关系的困扰程度。

【你的分数】____

4 ~ 6 分　表明程度严重或较严重。

-3 ~ 3 分　表明程度中等。

-6 ~ -4 分　表明程度较轻。

将 2、5、8、11、14、17 题的得分相加，该分数表明师生在情感距离上的困扰程度。

【你的分数】____

3 ～ 6 分　　表明程度严重或较严重。

−3 ～ 2 分　　表明程度中等。

−6 ～ −4 分　表明程度较轻。

将 3、6、9、12、15、18 题的得分相加，该分数表明师生在地位关系上的困扰程度。

【你的分数】____

3 ～ 6 分　　表明程度严重或较严重。

−3 ～ 2 分　　表明程度中等。

−6 ～ −4 分　表明程度较轻。

心香一瓣

（一）孔子尊师

公元前 521 年春，孔子得知他的学生宫敬叔奉鲁国国君之命，要前往周朝京都洛阳去朝拜天子，觉得这是个向周朝守藏史老子请教“礼制”学识的好机会。于是征得鲁昭公的同意后，孔子与宫敬叔同行。到达京都的第二天，孔子便徒步前往守藏史府去拜望老子。正在书写《道德经》的老子听说誉满天下的孔丘前来求教，赶忙放下手中刀笔，整顿衣冠出迎。孔子见大门里出来一位年逾古稀、精神矍铄的老人，料想便是老子，急趋向前，恭恭敬敬地向老子行了弟子礼。进入大厅后，孔子再拜后才坐下来。老子问孔子为何事而来，孔子离座回答：“我学识浅薄，对古代的‘礼制’一无所知，特地向老师请教。”老子见孔子这样诚恳，便详细地阐述了自己的见解。

回到鲁国后，孔子的学生们请求他讲解老子的学识。孔子说：“老子博古通今，通礼乐之源，明道德之归，确实是我的好老师。”同时还打比方赞扬老子，他说：“鸟儿，我明白它能飞；鱼儿，我明白它能游；野兽我明白它能跑，善跑的野兽我能够结网来逮住它，会游的鱼儿我能够用丝条缚在鱼钩上来钓到它，高飞的鸟儿我能够用良箭把它射下来。至于龙，我却不能够明白它是如何乘风云而上天的。老子，其犹龙邪！”

（二）程门立雪

宋朝的时候，有一位有学问的人，名叫杨时，他对老师十分尊重，一向虚心好学。“程门立雪”便是他尊敬老师、刻苦求学的一段小故事。

杨时在青少年时代，就十分用功，之后中了进士。他不愿做官，继续访师求教，钻研学问。当时程颢、程颐兄弟俩是全国有名的学问家。杨时先是拜程颢为老师，学到了不少知识。四年后，程颢逝世了。为了继续学习，他又拜程颐为师。这时候，杨时已经40岁了，但对老师还是那么谦虚、恭敬。

有一天，天空浓云密布，眼看一场大雪就要到来。午饭后，杨时为了找老师请教一个问题，约了同学游酢一起去程颐家里。守门的人说，程颐正在睡午觉。他们不愿打扰老师的午睡，便一声不响地立在门外等着。

天上飘起了鹅毛大雪，越下越大。他们站在门外，雪花在头上飘舞，凛冽的寒气冻得他们浑身发抖，他们仍旧站在门外等着。

过了好长时间，程颐醒过来，这才知道杨时和游酢在门外雪地里已经等了好久，便赶快叫他们进来。

这时候，门外的雪已经积得有一尺多厚了。

杨时这种尊敬老师的优良品德，受到人们的称赞，正是由于他尊敬师长，虚心向老师求教，学业进步很快，最后成为一位全国知名的学者，四面八方的学生都来向他求教，不远千里来拜他为师，大家尊称他为“龟山先生”。

电影欣赏：《死亡诗社》

影片介绍：威尔顿预备学院以其沉稳凝重的教学风格和较高的升学率而闻名，作为其毕业班的学生，理想就是升入名校。新学期文学老师约翰·基汀的到来如同一阵春风，一反传统名校的严肃刻板。

基汀带学生们在校史楼内聆听死亡的声音，反思生的意义；让男生们在绿茵场上宣读自己的理想；鼓励学生站在课桌上，用新的视角俯瞰世界。老师自由发散式的哲学思维让学生内心产生强烈的共鸣，他们渐渐学会自己思考与求索，勇敢地追问人生的路途，甚至违反门禁，成立死亡诗社，在山洞里击节而歌！

基汀教授、基汀老师、基汀队长，他的教育宛若春风化雨，润物无声地留在每个人心里……

电影《死亡诗社》海报

影片评价：一个“另类”的老师，却是出于真心的“爱”，改变了孩子们的一生。

影片观后感：

____

____

____

心路历程

在我们的一生中，有两个银行账户，一个是物质银行账户，一个是情感银行账户（也称为精神银行）。

情感银行存款：让对方开心，觉得被爱、被欣赏、被肯定、被认可、被鼓励……存款为正，根据事情的程度存入 +1 至 +10。

情感银行取款：让对方痛苦，觉得被批评、被拒绝、被伤害、被孤立、被排挤、被忽略……取款为负，根据事情的程度取款 –1 至 –10。

__师生情__情感银行______年___月份收支汇总表

序号	时间	地点	人物	事件	存 + 取 –
1					
2					
3					
4					
5					
6					
⋮					
汇总	月总结及感悟：				

存款丰厚：爱能宽恕很多过错，能让大事化小，小事化无，化危为机，关系和谐。

债台高筑：任何小冲突都有可能变成大伤害。

中职生的情感银行账户类别有父母情、师生情、同学情三类。存款越多，你和他人的关系越稳固，你的安全系数就越高，越能快乐幸福地成长！

让我们记录我们的情感收支，做一个情感富有的人吧。

> 教育是一棵树摇动另一棵树，一个生命影响另一个生命！
>
> ——佚名

话题五

自爱——遭遇花季雨季

活动十二　男生女生不同

性心理发展

学习领域： 自爱——遭遇花季雨季	学习情境： 男生女生不同
姓名______ 班级______ 日期______	

心情故事

最近韩美发现班里有些男女同学走得很近，课下总有人闲聊班里谁又谈恋爱了，谁又收到了告白信息。而生性活泼开朗、又多才多艺的她最近遇到一些烦心事。

韩美：“雅静，我和你说个小秘密，你千万别和其他同学说。”

王雅静：“呦，怎么还不好意思了，什么秘密呀？”

韩美：“那个……明川说他喜欢我。”

王雅静：“哇！咱们的校草和你表白了！也难怪，我们小美性格好，又能歌善舞，人还很甜，我要是男生也会喜欢你！”

韩美：“嘘——你小点声，我其实也挺惊讶的。之前我脚不是扭伤了嘛，明川就对我很关照，帮我拿书本，扶我上下楼，之后我们的关系越来越好。我们每天一起自习，有空就在一起聊聊天，之后他就和我告白了。”

王雅静：“我说怎么总能看到你俩在一起聊天，那你是怎么想的呀？”

韩美：“我觉着自己也很奇怪，之前并不是太喜欢和异性接触，现在我很喜欢和异性说话，希望他们可以关注到我，而我好像也在关注他们。之前其实我偷偷去篮球场看过明川打球，感觉他阳光又帅气，就对他有一点儿不一样的感觉。之后他又那么照顾我，我感觉我对他更有好感了，我也不知道这是不是喜欢。”

王雅静：“这有什么奇怪的，我们这个年龄对异性有好感应该是挺正常的吧。听你这么说，你好像也有点喜欢明川吧，那你想好要怎么回应他了吗？”

韩美：“这才是我比较苦恼的地方，我总觉着我们的年龄还小，之前我也没有过类似的体验，我们彼此喜欢就可以确认恋爱关系吗？学校和家长也不赞同我们在这个年龄就谈恋爱啊！而且我们还是学生，还有很多课业任务，但我其实还蛮喜欢和他在一起的时光的，所以我到底该怎办？”

同学们，你们认为韩美的心理正常吗？你认为中职学生可以谈恋爱吗？

____

____

请你为韩美出出主意，她该怎么做？

____

____

____

____

____

中职学生处于青春期，身体的发育和心理的逐渐成熟使他们更多地关注异性，对异性充满好奇之心，容易相互接近，彼此产生爱慕的情感。

男女生之间存在好感是这个年龄阶段正常的心理现象。同学们应正确看待对于异性的爱慕，并学会正确处理男女关系。

心境探秘

青春期后我们的心理发生了很大的变化，开始更在意自己的形象，在异性面前有展现自己的欲望，渴望得到异性的肯定和接受，也渴望更加了解异性。

那除了生理上的差异，你认为男生和女生究竟有什么不同呢？在你的印象中男生应该是什么样的？女生应该是什么样的？

____

____

案例 1：周旭最近很苦恼，总有同学说他内向而含蓄，说话时语气温柔，一点儿都没有“男人味”，这让平时本就腼腆、敏感的他更加自卑，不敢与同学交流。

案例 2：王雅静的好朋友静芒在一所普通高中上学，马上要进行分科了。静芒从小喜欢做实验，对于物理和化学很感兴趣，因此在选科时她很想选择理科类学科，但她的父母却认为比起男孩子，女孩子在理科学习上不占优势，不支持她选择物理、化学，静芒为此很苦恼。

对于他（她）们的苦恼你怎么看待？为什么？

____

____

心理性别特征表现为性别角色方面的差异。性别角色指以人的性别特征所规定的社会行为规范。简单说来，就是不同性别的个体在社会生活中需要承担不同的社会角色，受到不同行为规范的约束，并因此形成不同的心理特征和行为模式。这些模式表现出最基本的男性和女性的差异。对于男性，我们希望他有男子汉气概，表现得独立自主、刚强勇敢，攻击性、自治性、支配性、喜欢出风头也是男性特质的典型表现。而对于女性我们则希望她能处处展现出淑女的风范，诸如温柔恬静、善良文雅等女性特质。如果男生有男生的样子、女生有女生的样子，我们就认为这是正常的行为表现。但是，如果男生处处温柔恬静，女生经常表现出攻击性、自治性，我们就会觉得很不适应。因为这样的行为方式有悖于我们对于男性和女性的认识习惯。

性别刻板印象是人们对男性或女性角色特征的固有印象，表明人们对性别角色的期望和看法。在社会中，人们对性别的认识通常会受到性别刻板印象的影响。有时我们也会这样认识自己，认识身边的同学、朋友，我们会认为男生、女生有不同的兴趣爱好，有各自擅长做的事情。

对性别角色的认识，可以帮助我们了解自己与异性的不同特点，学会如何塑造自我形象，如何与异性相处，但性别刻板印象也可能在某种程度上影响我们自身潜能的发挥。我们在接受自己生理性别的同时，不要过于受性别刻板印象的影响。

在对自己和异性有了更深入的了解后，大家认为男女生之间应该如何相处？

____

____

学校最近出了新的校规，男女生不可以坐同桌，不可以共同用餐，放学后不能单独结伴回家，对于这样的规定，你怎么看？

____

____

心理健康课之前，同学们在纷纷议论新的校规，这时田老师走进来：“想必大家都知道新的校规了吧，大家对这个规定有什么想法呢？”

明川：“感觉学校的校规有点过分吧，男女生之间不可以有正常的交流吗？”

李宇凡：“可能是怕我们接触太多，把握不好分寸早恋吧。但课上、课下都不让我们接触，不就等同于告诉我们，男女生接触是一件不好且不正常的事。”

明川：“就是，就是，男女生接触一下怎么啦？”

赵娜拉：“明川，你是想去找小美接触吧！”

大家哄堂大笑。田老师示意大家安静，问：“那同学们，你们觉着男生、女生日常的交往有哪些好处？”

王雅静："可以帮助我们更加了解异性，了解异性的思维方式、情感特征。同样男生和女生本身就有各自的优势，我们在交往的过程中可以优势互补，从对方身上学习到一些我们所不具备的品质。"

田老师："雅静同学说得很正确，异性同学之间是需要正常的接触和交流的，并且与异性的接触本身具有积极的意义。但异性相处时还是有一些问题需要注意的。首先，不要太拘谨。异性交往中很多同学不知道怎么交流，担心自己不受欢迎。越是担心就越紧张，放不开。其实，异性首先是普通人，你可以把自己在其他人那里成功的交往经验运用到异性那里。该说就说，该笑就笑，大方地展现自我。其次，不能太过随便。男女之间的交往是有度的，彼此不能太随便。不能拉拉扯扯，嬉笑打闹，没有深浅和分寸，不能拿异性的缺点开玩笑，不能散布异性的个人隐私。还有就是，不要太亲昵。男女生都要注意交往时庄重大方，自尊自爱。不能勾肩搭背，动手动脚。男生不能故意触碰异性身体，女生不能搔首弄姿，还需要注意的是不要太卖弄。很多人在与异性交往中为了展示自己的才学只顾天南地北地大谈特谈，给别人造成很大压力。每个人都有自己的人生经历，友善地分享彼此的感受和见识会赢得他人的接纳和赞赏。最后与异性交往时也不要太冷淡。异性间交往大方得体是非常重要的，过分的矜持和冷淡容易给人高傲、看不起人的感觉。如果异性间交往不是你期望的感觉，礼貌地回应对方是有修养的表现，不能对人置之不理，伤人自尊。"

明川："那和异性在相处过程中喜欢上对方怎么办？"

明川说完大家纷纷看向小美，有同学捂嘴偷笑，有同学开始起哄。

田老师笑了，说："那是再正常不过的事情了。在这里和大家科普一下，人在成长过程中性心理的发展分为三个阶段：第一阶段是性紧张期，这个时期也称为性发育早期或异性疏远期。在青春期开始时，少男少女对性的差异非常敏感。第二性征的出现，在他们内心深处产生了春情萌动的朦胧感觉，对两性关系似懂非懂，对性知识、性行为一知半解。将异性的生理差异与男女之间的关系看得很神秘，在与异性的交往中显得羞涩、不自然，心中好像潜藏着无数秘密，心中相互吸引却在表面上表现得相互疏远。之后就是异性接近期，在完全进入青春期后，随着生理机能的进一步发展和生活阅历的增加，青少年对异性的关系有了进一步的了解和认识，对性意识的情感体验也开始有了新的变化。此时，他们开始主动与异性交往，有选择地寻找心中的另一半，这个时期的特点是喜欢与异性在一起活动，设法成为异性眼中有吸引力的人，不再满足于朦胧的好感和爱慕。再之后就进入异性恋爱期，这个阶段一般是青春期中后期，随着年龄的增长、生理机能的更进一步发展与完善、知识面的日益拓宽、生活视野的日趋扩大、个性发展的不断成熟，使他们对性爱意识的理解和认识越来越全面深刻，对异性之间的关系也开始有了正确的态度。大家这个年龄大多处在第二个阶段，喜欢和异性接触，想找到一个心仪的人，在交往过程中对异性产生爱慕也很正常。如果在这个时期建立了恋爱关系，便被叫作青春期恋爱，在这个阶段的恋爱是有利有弊的。大家觉着青春期恋爱的利弊都有什么？”

____

____

明川：“我认为青春期恋爱对我们来说可以满足我们对于爱情的好奇和需要，感觉对我们在情感上的成长也很有帮助，同时恋爱好像能让人觉着我是被喜欢的，会更加让我们自我认同和自我接纳。”

赵娜拉：“我感觉可能会影响学习吧。感觉一旦陷入情感里，好像情绪就不太受控制，尤其是单恋和失恋。我的一个朋友，她之前暗恋隔壁班的一个男生，后来告白了，但失败了，之后她整日都很消沉，也不认真听课，也不认真自习，整天一个人坐在那里发呆，老师和家长都很担心她的状况。”

田老师：“两位同学都说得很好，一方面，恋爱可以让大家满足对亲密关系的需求，促进个人成熟并丰富感情经验。但另一方面，在恋爱过程中，因为同学们在青春期普遍缺乏成熟的情绪管理能力，所以可能会体验到更多的情绪波动，并影响到日常社交和学业发展。此外，也可能由于没有接受过全面性教育以及没有得到足够的社会支持，出现非意愿妊娠、性病传播感染、攻击行为等情况。对于单恋和失恋这个问题，我想说一下，首先好感和爱慕不等同于爱情，不要错把好感当成爱情而过早射出丘比特之箭，从而平添许多痛苦。另外，不要太过相信自己的感觉，‘情人眼里出西施’，你的感觉可能只是一种错觉。还有就是要不断提高自己，把注意力转移到自己的学业和兴趣爱好上来。有一个故事，说一只蜜蜂在一朵枯萎的玫瑰上不断吸吮，但吸上来的只有苦涩的毒汁，直到它扇动翅膀飞得更高，才发现枯萎的玫瑰周围处处是鲜花。对于一段感情，我们需尊重另一个人的选择，并努力让自己强大，去拥抱更美好的风景。对于现阶段的你们来说爱情的果子还不够成熟，如果品尝了也很有可能是酸涩的。但大家可以对恋爱和爱情抱有一定的期许和憧憬，同时也要权衡好利弊，不要因为感情问题在大家本来美好的青春里留下伤疤。”

心灵碰撞

你认为下列词汇哪些是描述男生的？哪些是描述女生的？

主动　感性　温文尔雅　敏感　喜欢文艺　富有竞争性　善于理解　体谅他人　温柔　自信　体贴　心思细密　依赖　喜欢数学和科学　大胆　富有冒险精神　决策果断　强壮　擅长语言表达　擅长空间知觉

你认为还有哪些词汇可以描述男生和女生？

结合上述问题，结成小组进行讨论，看看你是否认同小组其他成员写下的答案。同时和组员交流一下，你认为男生、女生一定是词汇中所描述的那样吗？为什么？

心海拾贝

经过今天的学习，你对男生、女生有了什么新的认识？对于青春期恋爱又有了怎样新的理解？

写给自己的心里话：

心理测试

青春期性心理健康综合评估

青春期一个很大的特点是“情窦初开”，出现强烈的性意识和性幻想，生理的发育并不必然伴随心理的成熟。本测评将从性认知、性价值观、性适应三个维度综合评估你当前的性心理健康状况，以帮助你从童年走向成年。

序号	题目	完全不符合	基本不符合	不确定	基本符合	完全符合
1	我了解人体的生理结构					

续表

序号	题目	完全不符合	基本不符合	不确定	基本符合	完全符合
2	我的行为方式符合自己的性别角色					
3	我了解人体的各种生理功能					
4	我对有关性方面的事情很感兴趣					
5	我能和谐自然地与异性相处					
6	谈到或想到性，我没有羞耻感和负罪感					
7	我了解生殖器官的构造和功能					
8	我会情不自禁地去看一些色情刊物、节目等					
9	我认为性是万恶之源					
10	我很认同自己的性别角色					
11	我很欣赏自己身体的特征					
12	我了解什么是月经和遗精					
13	当出现性冲动的时候，我感到自己有办法控制					
14	一想到性就感到不安、恐惧或羞耻					
15	我认为性是肮脏的、羞耻的，是见不得人的事					
16	我很满意自己的性别					
17	我了解性心理的内容和机构					
18	我认为周围的人都谈恋爱了，而自己没有谈恋爱就很没有面子					
29	我总是抑制不住地陷入到有关性的幻想中去					
20	我了解避孕的知识					
21	我渴望深入了解异性					
22	我认为手淫是病态的、下流的					
23	我了解自己的身体会出现哪些变化					
24	我对性知识有疑惑时会主动地寻求帮助					
25	我对自己身体出现的变化还算了解					
26	当出现性冲动、性欲望的时候，我能将精力转移到学习、工作、娱乐、交友中去					
27	我了解性病的各种知识					
28	我对与自己身体的变化感到很适应					
29	我能按社会道德规范约束自己的与性有关的言行举止					

续表

序号	题目	完全不符合	基本不符合	不确定	基本符合	完全符合
30	我羞于求助或查阅资料来解开自己对性知识的疑惑					
31	我能通过恰当的方式排解性欲望、性冲动					
32	我认为性可以作为换取自身利益的一种手段					
33	我认为应该崇尚现代西方文化中的性解放、性自由					
34	有关性方面的事情很容易分散我的注意力					
35	我所了解的性知识主要来源于学校的教育、父母或长辈的教导和社区的宣传					
36	我认为性幻想、性梦是一种不道德的现象，是令人羞愧的					
37	我所表现出的与性有关的行为举止都符合当时所处环境的要求					
38	我能主动并有效地利用社会、家庭、学校提供的各种资源获取性知识					
39	我认为谈恋爱是寻求刺激或摆脱孤独					
40	我所表现出的与性有关的行为举止都符合自己所处的社会文化背景					
41	我所了解的性知识主要来自于色情读物、色情媒体节目或网站					
42	我表达情感的方式与其他同龄人不同					
43	我认为应该坚守我国传统的性禁锢、性压抑的观念					
44	引起我性欲望的原因是符合社会道德规范的					
45	我得到性满足的途径是符合社会道德规范的					
46	因为性成熟带来的身体和心理上的变化使我的学习和生活不能正常进行					

心香一瓣

电影欣赏：《怦然心动》

影片介绍：该片根据文德琳·范·德拉安南的同名小说改编，描述了青春期中男孩、女孩之间的有趣战争。电影具有强烈的正能量，虽然是未成年的爱情，但是在父母的正确引导下简单美好，懵懂且单纯。

电影《怦然心动》海报

影片评价：影片用了大量的镜头来表现一个情窦初开的男生在自己喜欢的女生面前会做些什么事？懵懂、纠结，又带点不想让别人发现的小心思。这是一个心动感觉由衰转盛的过程。他们就像两条直线，短暂相交后越离越远。而外祖父又像一块吸铁石，将直线再次拉向同一个地方。影片除了讲述少男少女们的爱情外，还体现了个人自尊与爱情的辩证关系、家庭对孩子成长的重要性。

影片观后感：

____

____

____

心路历程

填写下面的表格，填写好后可以和同学进行讨论。

我理想中的恋人是这样的	
假如我现在想谈恋爱，我会	
假如我暗恋上了一位异性，我会	
假如我失恋了，我会	
假如我意外成为了“小爸爸（小妈妈）”，我会	

人的爱情应当不仅是美好、诚实、坚贞的，同时也应该是理智和慎重的，机警和严肃的，只有那样的爱情才能带来欢乐和幸福。

——苏霍姆林斯基

活动十三

真爱需要等待

爱情三元论

学习领域： 自爱——遭遇花季雨季	学习情境： 真爱需要等待	
姓名____________　班级____________ 日期______________________________		

心情故事

李宇凡：“明川，听说你最近在追求小美呀？”

明川：“对啊，我觉着小美挺可爱的，会唱歌、会跳舞，人也很开朗、善良，我觉着她就是我要找的另一半。”

李宇凡：“可以呦，你这是找到真爱啦？”

明川：“如果她答应我的话，我觉得我们是天生一对……但是我看她也挺不知所措的。”

李宇凡：“她不喜欢你吗？不会吧，你可是校草，是那么多女生暗恋的对象。”

明川：“别乱说。她说她对我也很有好感，很欣赏我，也很喜欢和我在一起聊天学习的时光，但她不知道这是不是爱慕，也不知道现在的感情算不算爱情，她还很怕现在的我们承担不起这段感情。”

李宇凡：“相互喜欢不就行了，考虑那么多干嘛？”

明川：“这也不能怪小美了，我其实也想过我能给小美什么，总感觉在这个年龄谈对感情负责有些为时过早，好像我们有时候连自己还照顾不好……”

李宇凡：“你这么一说还真是，那你打算放弃了吗？”

明川：“我也不知道呢，但还蛮期待能和她在一起的，想牵着她的手散散步，和她一起学习，一起吃饭，满心都是一个人的日子还挺让人期待的。真不知道该怎么办了……”

如果你是明川，你会怎样选择？

____

____

爱情是需要做好身心准备的；要不断思考自己选择恋人的标准是什么；是需要不断学习的；在自己缺乏爱的能力时，要学会“为爱等待”。

心境探秘

大家可以谈一谈自己的理想型异性是什么样的吗？

____

____

你怎么看待真爱需要等待这句话？

____

____

几个在情感问题上有困惑的学生来找田老师谈话，韩美和赵娜拉就是其中的两位。

韩美在犹犹豫豫中还是答应了明川的追求，两人成为了男女朋友，明川对小美的照顾无微不至，每天给小美买早餐、打水，而小美对明川的依赖感也越来越强，想要时时刻刻陪在他身边。后来两人上课时开始心不在焉，课下也用自习时间为对方写“交换日记”、制作小礼物等。两人的成绩下降很快，本以为遇到爱情的小美又开始陷入之前的疑惑，她和明川之间到底是不是成年人世界中的爱情？

田老师问大家：“大家觉着爱情是什么样子的？”

____

____

赵娜拉说：“两个人彼此欣赏，彼此喜欢，相互爱慕，有时时刻刻在一起的想法，甚至想和对方牵手、拥抱，发生一些比较亲密的肢体接触。”

田老师说：“说得很好，其实我们每个人对爱情的理解都不大相同。一般情况下，异性感情的发展是沿着熟人—朋友—好朋友—知己—恋人这一线索发展的，当一个男生（女生）成为一个女生（男生）心中任何人都不能代替的角色时爱情就可能降临。在分享快乐和痛苦、共同成长的过程中，爱情关系就会产生和发展。同学们你们知道吗？美国心理学家斯滕伯格提出的爱情理论，认为爱情由三个基本成分组成：激情、亲密和责任（承诺）。亲密是指与伴侣心灵相近、互相契合、互相归属的感觉，属于爱情的情感成分。激情是指强烈地渴望与伴侣结合，它是两性产生浪漫和外在吸引力的动机，也就是与性相关的动机驱力，属于爱情的动机成分。承诺则包括短期与长期两个部分，短期的部分是指个体决定去爱一个人，长期的部分是指对两人之间亲密关系所做的持久性承诺，是对爱情的责任心，属于爱情的认知成分。

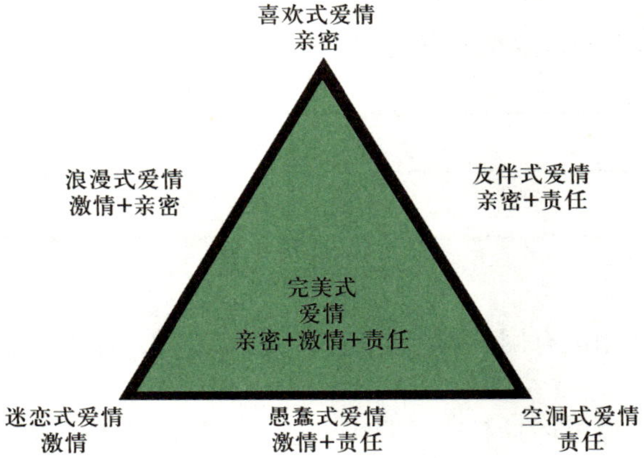

斯滕伯格的爱情三元论

大家听后纷纷点头，原来单是爱情这一概念就存在这么多学问。

韩美："老师，感觉我现在的爱情中缺少了长期承诺，而且我感觉自己在恋爱过程中变得'堕落了'，没有原来好学上进了。"

田老师说："未来的不确定性太大，在你们当前的年龄，是很难给到对方一个长期承诺的。但爱情是一种高尚的情感，它不仅仅是两个人之间的亲密无间和彼此欣赏，爱情还需要责任和能力。青春期的情感是最纯粹的，但我们在感情中同样需要为他人，也需要为自己负责，脱离开责任和承诺，爱情便是不够完美的。我很开心你们可以拥有爱，可以给予别人爱，但我们追求爱情，是希望用爱情的美好丰富自己的生命体验，而非让爱情来瓜分我们的生命精髓！好的爱情是两个人共同成长、共同进步，变成更好的'我们'。"

韩美："那我要怎么做才好呢？"

田老师："你和明川可以共同制订学习目标，在学习、生活上相互监督，相互帮助，在完成好自己的课业任务后可以共同做一些有意义的事，比如一起锻炼身体，一起参与社会实践等。切记不要将爱情作为唯一的追求，你的课业任务，你的兴趣特长，包括你与其他同学的友谊都是自身要去追寻的东西，如果你的生活中只剩恋爱，爱情反而会变得脆弱不堪。"

韩美："老师您说得对，我们之间的爱情还不够成熟，我一定努力处理好感情和学业、生活之间的关系，我和明川要共同拼搏，共同进步，顶峰相见。"

田老师欣慰地笑了。

赵娜拉："老师，如果没有男孩子喜欢我们，我们要怎么办呀？"

田老师："这就是我之后想和同学们说的，我们可以暂时不恋爱，但是我们可以很可爱。在真爱到来之前我们要学会等待并自我发展。首先做一个值得被爱的人，当你有所长、有能吸引他人的闪光点，这些闪光点将让你们更容易与爱的人建立亲密的关系。然后我们要做一个有能力爱别人的人，有能力去做出承诺并给予爱的人幸福和快乐。当你成为了这样真实又可爱的样子，你们期待的那种圆满的幸福的爱情便会不期而至。"

"真正的爱情需要等待和准备，性同样也是。"看到大家有些不好意思，田老师接着说，"谈性、对性好奇并非羞耻不堪的事情，大家对其要有正确的认识。"

这时站在赵娜拉旁边的一个男孩子说："我的一个哥们谈了一个女朋友，两个人感情非常好，之后好像发生了关系，女孩子怀孕了。女孩儿很崩溃，我朋友也很自责，但不知所措。据说学校已经打算对他们进行劝退处理了。"

田老师："听到这样的事情我也感到很惋惜。同学们，在青春期时，对性的好奇是很正常的，有时候大家的'卧谈会'会成为了解性知识的渠道。此外，在这个阶段会产生对异性的爱慕，并渴望同异性交往，在产生性刺激时会出现性冲动，在恋爱关系中尤为明显。有的学生还会出现自慰、性梦和梦遗、性幻想等行为，大家也没有必要为此感到羞耻，只要在正常的范围之内都属于正常现象。但关于性生活，在不适宜的年龄段‘偷尝禁果’可能会造成比较严重的后果，这个后果是你们在这个年龄很难承受的，会对大家的身心健康造成很大的负面影响。所以我们要学会自律与克制，在找到那个你愿意且有能力为他（她）负责任的人之前，男生、女生都应自爱，双方都不可以以爱之名强迫对方与自己发生关系，尤其是女孩子更要学会保护自己。如果遇到了不得已的情况，要提前了解好性知识，学习一些有效预防传染病及避孕的方法，在性生活时采取有效的保护措施。”

心灵碰撞

活动一：爱情故事续写

小瓶子的爱情故事

小瓶子：我是一只瓶子，装满叫感情的液体，我救过一条奄奄一息的金鱼。但我忘了，金鱼的记忆只有七秒。直到放走他那天，他也没带走关于我的一丝记忆。

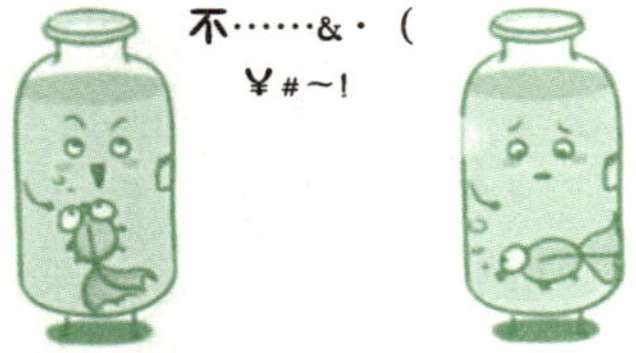

小瓶子：后来我遇见了小海绵，烈日下的他被烤成紧巴巴的一团。我救了他，于是我们成了好朋友。可是我知道朋友绝对不是一味地索取。

小瓶子：在我最困难的时候是仙人球先生一直陪着我。我义无反顾地跟着他，来到他的家乡——沙漠。可是我渐渐发现，我视若生命的东西是他不需要的。不需要也就不重要了吧。

请在金鱼、小海绵、仙人球中选择一个角色续写它和小海绵的故事。

____

____

____

小瓶子：我一直在想，如果命运早点安排冰糖先生出现该多好。和他在一起的每一天，都会是甜甜的吧？只是此刻我才明白，最大的遗憾不是错过最好的人。而是当你遇见更好的人时，你已经把最好的自己用完了。

感情是易耗品，只愿你，把最好的自己留给对的人。

看完这个故事，你有什么感想？

____

____

活动二：词汇选择

请同学们从下面词汇中找出你认为与性有关的词语。

快乐 好玩 污秽 生育 恐惧 美妙 不满足 委身 忠贞 尴尬 压力 例行公事 表现 试验 释放 难为情 舒服 沟通 羞耻 无奈 遗憾 信任 厌恶 内疚 无助 融洽 欢乐 享受 压抑 美丽 乏味 满足 征服 禁忌 亲密 自卑 自信 和谐

你选择了哪些词汇？为什么这些词汇与性有关？你的感受是以负面为主还是以正面为主？

____

____

____

活动三：性教育小调查

1. 你的性知识大部分来自下列哪几个方面？（可选多个答案）（　　）

A. 父母　B. 教师　C. 同学朋友　D. 兄弟姐妹

E. 报刊杂志　F. 文艺书籍　G. 影视　H. 网络

I. 医学书籍　J. 学校课程

2. 你从父母或学校那里得到过下列哪些与性有关的知识?(可选多个答案)(　　)

A. 与性别相符的行为指导　B. 性生理知识

C. 性心理知识　D. 性道德知识

E. 性卫生保健知识　F. 没有得到任何指导

3. 父母或学校教给你避免性侵害的方法有哪些?(可选多个答案)(　　)

A. 受到胁迫时要告诉父母　B. 在外过夜要与父母商量

C. 与成年人见面要结伴前往　D. 摆脱陌生人尾随的方法

E. 单独走路要走人多的大路　F. 不要随便接受他人馈赠

4. 你认为目前比较适合你的性教育形式是什么?(可选多个答案)(　　)

A. 自己学习　B. 课堂教学　C. 家长指导　D. 同伴交流

E. 专家讲座　F. 电视专栏　G. 上网查询　H. 咨询机构

调查题目完成后大家可以相互交流，讨论一下你对于性教育的看法。

心海拾贝

经过今天的学习，你对爱情有了哪些新的认识?你怎样看待婚前性行为?

写给自己的心里话：

心理测试

测测你的恋爱观

恋爱观就是人们对恋爱的看法，它决定着爱情心理和行为，包括对美的认识和评价标准，择偶的标准与条件，恋爱的目的和方式，对幸福的理解等多方面的内容。渴望爱情的你在行动之前，不妨先来了解一下自己的恋爱观。

1. 你认为恋爱作为人生一个极其重要的环节，其最终所要达到的目的应当是（　　）。

A. 找到一个情投意合的伴侣

B. 成家过日子，抚育儿女

C. 满足性的饥渴

D. 只是觉得新鲜有趣，没有明确的想法

2. 男女单独做以下问题。

如果你是位男士，你对未来妻子的要求最主要的是（　　）。

A. 善于持家，利落能干

B. 容貌漂亮，气质高雅

C. 人品不错，能体贴帮助自己

D. 只要我爱她，其他一切都无所谓

如果你是位女士，你在选择丈夫时首先考虑的是（　　）。

A. 潇洒大方，有男子气度

B. 有钱有势，社交能力强

C. 为人诚实正直，有进取心，待人和蔼可亲

D. 只要他爱我，其他都不考虑

3. 你决定和对方建立恋爱关系的心理依据是（　　）。

A. 彼此各有想法，但大体相互尊重

B. 我比对方优越

C. 对方比我优越

D. 没想过

4. 你对最佳恋爱时间的考虑是（　　）。

A. 自己已经成熟，懂得了人生的意义和爱情的内涵，并且明确了事业上的主要方向

B. 随着年龄的增长，自有他（她）人相伴，“月老”不会忘记任何人

C. 先下手为强，越早越主动

D. 还没想过

5. 你希望自己结识恋人的方式是（　　）。

A. 青梅竹马，情深意长

B. 一见钟情，难舍难分

C. 在工作和学习中逐渐产生恋情

D. 经熟人介绍

6. 你认为增进爱情的良策是（　　）。

A. 极力讨好取悦对方

B. 尽力使自己变得更完美

C. 百依百顺，言听计从

D. 无计可施

7. 人们通常认为，恋爱过程是个相互了解、相互适应和培养感情的过程，但了解、适应就需要花时间。那么，你希望恋爱的时间是（　　）。

A. 越短越好，最好是“闪电式”

B. 时间依进展而定

C. 时间要拖长些

D. 自己无主张，全听对方的

8. 谁都希望完整、全面地了解对方，你觉得了解他（她）的最佳途径是（　　）。

A. 精心安排特殊场面，不断对恋人进行考验

B. 坦诚地交谈，细心地观察

C. 通过朋友打听

D. 没想过

9. 你十分倾心于你的恋人，但交往一段时间后，却发现对方有一些缺点，这时你（　　）。

A. 采用婉转的方式告知对方并帮助对方改进

B. 因出乎意料而伤脑筋

C. 嫌弃对方，犹豫动摇

D. 不知道如何是好

10. 当你已在爱河之中有位条件更好的异性向你表示爱慕时，你会（　　）。

A. 说明实情，忠实于恋人

B. 对其冷淡，但维持友谊

C. 瞒着恋人和其来往

D. 感到茫然无措

11. 当你忽然发现爱慕已久的异性另有所爱时，你（　　）。

A. 静观待变，进退自如

B. 参与角逐，继续穷追

C. 抽身止步，成人之美

D. 不知道

12. 恋爱过程很少会一帆风顺，当恋爱中出现矛盾和波折时，你感到（　　）。

A. 既然已经出现，也是件好事，双方正好趁此了解和考验对方

B. 伤心难过，认为这是不幸的

C. 疑虑顿生，就此提出分手

D. 束手无策

13. 由于性情不合或其他原因，你们的恋爱搁浅了，对方提出分手，这时你（　　）。

A. 千方百计缠着对方

B. 到处诋毁对方名誉

C. 说声再见，各奔前程

D. 不知所措

14. 当你十分信赖的恋人背信弃义甩掉你之后，你（　　）。

A. 只当自己眼瞎，认错了人

B. 既然他（她）不仁，休怪我不义

C. 吸取教训，重新开始

D. 痛苦得难以自拔

15. 你的爱情路途坎坷，多次恋爱均告失败，随着年龄的增长，已进入“男大当婚，女大当嫁”行列，此时你会（　　）。

A. 一如从前，宁缺毋滥

B. 放弃追求，随便找一个

C. 检查一下自己的择偶标准是否实际

D. 叹息命运不佳，从此绝望

根据下面表格的评分标准计算你的总分。

题号	A	B	C	D
1	3	2	1	1
2	2	1	3	1
3	3	2	1	0
4	3	2	1	0
5	2	1	3	1
6	1	3	2	0
7	1	3	2	0

续表

题号	A	B	C	D
8	1	3	2	0
9	3	2	1	0
10	3	2	1	0
11	2	1	3	0
12	3	2	1	0
13	2	1	3	0
14	2	1	3	0
15	2	1	3	0

总分 35 ~ 45 分的为 A 型，总分 25 ~ 34 分的为 B 型，总分 15 ~ 24 分的为 C 型，七道以上题目得 0 分为 D 型。

A 型：恋爱观成熟正确

你是一个成熟的青年，你懂得爱什么和为什么爱，这是你进入情场的最佳入场券。不要怕挫折和失败，它们是考验你的“纸老虎”，终将在你的高尚和热忱面前逃遁。尽管大胆地走向你梦中的恋人吧，你的婚姻注定美满幸福。

B 型：恋爱观尚可

你向往真挚而美好的爱情，然而屡屡失败，一时难以如愿。不妨多看看成功的朋友，并将恋爱作为圣洁无比的追求，不断校正爱情的航线，这样你与幸福就相隔不远了。

C 型：恋爱观需要认真端正

你的恋爱观存在不少问题，甚至有不健康之处。它们使你辛勤播撒的爱情种子难以萌芽，更难以结出甜蜜的果实。如果你已经轻率地开始恋爱，劝你及早退出。

D 型：恋爱观还未形成

你或许年龄还小，不谙世事；你或许年纪虽已不小，却仍天真幼稚。爱情对于你来说还是个迷惘未知的世界，你需要防范圈套和袭击。建议你读几本关于两性关系的书籍，待变成熟后，再涉爱河也不迟。

心香一瓣

美文欣赏：最好的爱情——钱锺书与杨绛

杨绛在东吴大学上学时，当时流传追求杨绛的男同学有孔门弟子“七十二人”之多。1932 年，钱锺书在清华园认识了无锡名门才女杨绛，并一见钟情。

第二年，钱锺书与杨绛便举办了订婚仪式。

在20世纪的中国，杨绛与钱锺书可谓天造地设的绝配。胡河清曾赞叹："钱锺书、杨绛伉俪，可以说是当代文学中的一双名剑。钱锺书如英气流动之雄剑，常常出匣自鸣，语惊天下；杨绛则如青光含藏之雌剑，大智若愚，不显刀刃。"在这样一个单纯、温馨的学者家庭中，两人过着"琴瑟和弦，鸾凤和鸣"的围城生活。

1935年，杨绛陪夫君去英国牛津大学就读。初到牛津，杨绛很不习惯异国的生活，乡愁迭起。一天早上，杨绛还在睡梦中，钱锺书早已在厨房忙活开了，平日里"拙手笨脚"的他煮了鸡蛋，烤了面包，热了牛奶，还做了醇香的红茶。睡眼惺忪的杨绛被钱锺书叫醒，他把一张用餐小桌支在床上，把美味的早餐放在小桌上，这样杨绛就可以坐在床上随意享用了。吃着夫君亲自做的饭，杨绛幸福地说："这是我吃过的最香的早饭。"听到爱妻满意的回答，钱锺书欣慰地笑了。

学习之余，杨绛和钱锺书还展开读书竞赛，比谁读的书多。通常情况下，两人所读的册数不相上下。有一次，钱锺书和杨绛交流阅读心得："一本书，第二遍再读，总会发现读第一遍时会有许多疏忽。最精彩的句子，要读几遍之后才会发现。"杨绛不以为然，说："这是你的读法。我倒是更随性，好书多看几遍，不感兴趣的书则浏览一番即可。"读读写写，嘻嘻闹闹，两人的婚姻生活倒充满了悠悠情趣，羡煞旁人。

两年后，《围城》成功问世。钱锺书在《围城》序中说："这本书整整写了两年。两年里忧世伤生，屡想中止。由于杨绛女士不断地督促，替我挡了许多事，省出时间来，得以锱铢积累地写完。照例这本书该献给她。"其实，《围城》是在上海沦陷的时期写的，艰难岁月里，夫妻两人相濡以沫，相敬如宾。

钱锺书曾用一句话概括他与杨绛的爱情："绝无仅有地结合了各不相容的三者：妻子、情人、朋友。"这对文坛伉俪的爱情，不仅有碧桃花下、新月如钩的浪漫，更融合了两人心有灵犀的默契与坚守。

电影欣赏：《泰坦尼克号》

影片介绍：为了寻找1912年在大西洋沉没的泰坦尼克号上的珍贵财宝——价值连城的"海洋之心"，寻宝探险家布洛克从沉船上打捞起一个锈迹斑斑的保险柜，不料其中只有一幅保存完好的素描，画中是一位佩戴着钻石项链的年轻女子。这则电视新闻引起了一位百岁老人的注意，她激动不已，立即乘直升飞机来到布洛克的打捞船上。她名叫罗丝·迪威特·布克特，正是画像上的女子。她向众人讲述了一段动人的爱情故事：在泰坦尼克号上的罗丝因不想嫁给未婚夫卡尔，准备跳海自杀，被幸运赢得船票的杰克所救，两人由此认识。在随后的几天里，杰克带她参加三等舱的舞会，给她画素描（布洛克打捞起的那张），教她吐痰……他们两人很快坠入了情网。但是这份甜美的爱情还没持续多久，泰坦尼克号便撞上了冰山。杰克为了使罗丝能够存活下来，不断地鼓励她，而自己却冻死在寒冷的海水里。罗丝得救了，但她从没有忘记杰克，不仅仅是因为他们有一段凄美的爱情，还因为杰克带给了她欢乐，也给了她希望和未来……

电影《泰坦尼克号》海报

影片评价：泰坦尼克号的沉没见证了杰克和罗丝的永恒爱情。他们的爱震撼人心，承载的不止是一代人的追求，寻找的是对人性的回归。

泰坦尼克号是一座与世隔绝，脱离虚伪喧嚣的自由岛，而杰克和罗丝便是这座岛的自由之神，象征着美好、善良和自由，在那个等级划分的年代，在船即将沉没的时候，有许多自顾逃生、不顾他人的卑劣行为和杰克与罗丝之间形成鲜明对比，隐喻着人内心世界的基本本能和黑暗，我们要倡导自由、善良、美好的内心世界，在灾难面前，我们要同甘共苦，懂得奉献，不管是爱情还是亲情，人与人相处不能自私。

影片观后感：

心路历程

写给未来另一半的信

想象一下未来的某一天你找到了可以与你共度一生的伴侣，你希望那时的你是什么样子的，那时的他（她）是什么样子的，你们的爱情是什么样子的，你付出了怎样的努力收获到这份爱情。请把想对未来另一半说的话写成一封信。

我爱你，不光因为你为我而做的事，还因为，为了你，我能做成的事。
我爱你，因为你能唤出，我最真的那部分。
我爱你，不光因为你的样子，还因为，和你在一起时，我的样子。

——罗伊·克里夫特《爱》

话题六

自律——学会终身学习

活动十四 树立成长思维

成长型思维

学习领域：自律——学会终身学习	学习情境：树立成长思维	
姓名______ 班级______ 日期______		

心情故事

王雅静在今年9月，进入了一家外资公司实习，成为一名分析员。虽然对工作仍旧很陌生，但是作为心怀抱负的青年，王雅静暗暗发誓要在职场上取得成功。

早上，王雅静刚刚落座，还没来得及喝一口水，王经理的电话便打来了。

“雅静，我需要上个月的支出分析报告，明早交给我。”

“经理，我……我不会做。”虽然对职场怀有莫大的憧憬，但毕竟是个新人，王雅静在入职的第三天接到第一个工作任务时，就已经懵掉了。

王经理无奈地叹了口气，在电话那头说：“雅静，你来一趟我的办公室，我们谈谈。”

看着王雅静一头雾水的样子，王经理说：“雅静，你在说自己不会的时候，认真考虑过怎么做吗？”

王雅静看着王经理摇了摇头。

“每个人都有一个‘舒适区’，在里面待久了就会产生惰性。我们的大脑有很强的可塑性，你要尝试着突破自己的‘舒适区’去学习新知识，迎接新挑战，这样才会变得越来越优秀。”王经理语重心长地说道。

王雅静听了王经理的话，似乎明白了些什么。

王经理继续说道：“我们公司是一家高速发展的企业，刚一毕业就能进入这样一家公司是你的幸运。但是你要知道，企业需要的是成长型员工。你要相信任何技能都能通过努力习得，把每一次挑战看作扩展能力的机会，不要回避问题，轻易放弃自己没有处理过的事情。”

王雅静说：“那我要怎么做呢？”

王经理说：“我把基础数据和报告模板通过邮件发给你了，这么简单的事情我没有安排别人来教你，你回去想想应该怎么做。”

下班后，王雅静通过网络学习，在凌晨1点完成了支出分析报告，给王经理发了电子邮件。

通过这件事情，王雅静明白了自己的短处，知道了什么是成长型思维。同学们，什么是成长型思维呢？请谈谈你的看法：

____

____

____

心境探秘

和王雅静一样，很多同学初入职场时，都曾想要努力工作，施展才华，大展抱负，但是由于缺乏实践经验，在工作中往往会遇到很多挫折和失败。当遇到困难时，有的同学就会选择逃避，产生“我干不了”“我没有能力”等想法。这些自我否定式的想法很容易降低他们在工作或学习中的积极性和效率，继而产生习得性无助感。当我们遇到困难时，如何去面对它，是选择逃避还是迎难而上，关键在于我们的思维模式，它决定了我们面对困难时的态度和行为。

美国斯坦福大学心理学教授卡罗尔·德韦克（Carol Dweck）提出了固定型思维和成长型思维两种思维模式①，成长型思维相对于固定型思维而言，是教育观念上的一大进步。固定型思维认为人的智力和才能是固定的，一成不变的。成长

① 卡罗尔·德韦克. 终身成长［M］. 楚祎楠，译. 南昌：江西人民出版社，2017.

型思维则认为，人的智力、技能、个性等可以通过努力提升，每个人都可以通过努力和不断练习得到改变和成长。因此，当遇到困难和挫折时，具有“固定思维”的人往往会倾向于放弃，回避挑战。而具有“成长型思维”的人会一直保持积极的学习态度和学习热情，愿意投入更多的时间和精力去解决复杂问题或增长智力，以达到更高的成就。

成长型思维在我们的工作和学习中至关重要，我们需要主动求变，树立成长型思维模式。那么，如何培养成长型思维模式呢？

（1）接受。我们每个人都是固定型思维和成长型思维的混合体，承认并接受这一客观现实，不需要给自己贴上“固定型思维模式者”的标签，努力接纳自我。

（2）观察。在工作和学习中，通过观察不断激发自我反思和内省，觉知自己的状态。明确自己出现固定型思维时的场景以及原因，并记录自己的这些情况，以便进行比对和持续关注。

（3）命名。给自己的固定型思维模式取一个名字，以此来提醒自己，避免长期陷入某方面的固定思维模式。

（4）教育。通过了解自己固定思维产生的原因和场景，找到科学的思维训练方法。当我们的固定思维出现时，及时教育自己要学习、要转变、要用积极的态度去解决问题。

（5）制订计划。即在教育的基础上进一步思考解决问题的方法，并列出详细的实施计划，且越具体越好，最终将计划付诸实践。

总之，决定人生的并不是天赋，而是思维模式。一时的成功和失败并不重要，重要的是始终保持积极的学习态度，坚信努力的价值和意义，做到终身成长。

故事一：行动的力量

在远古的时候，有两个朋友，相伴一起去遥远的地方寻找生活的幸福和快乐。他们一路上风餐露宿，在即将到达目标的时候，遇到了一条风急浪高的大河，而河的对岸就是幸福和快乐的天堂。关于如何渡过这条河，两个人产生了不同的意见：一个建议砍掉附近的树木，建造一艘木船过河；另一个则认为无论哪种办法都不可能渡得了这条河，与其自寻烦恼和死路，不如等到河水流干了，再轻松地走过去。

于是，建议造船的人每天砍伐树木，辛苦而积极地制造船只，并顺带着学会了游泳；另一个则每天躺下休息睡觉，然后去河边看看河水是否流干了。直到有一天，已经造好船的朋友准备扬帆出海的时候，另一个朋友还在嘲笑他的愚蠢。

然而，造船的朋友并不生气，临走前只对他的朋友说了一句：“如果你去做了，可能会失败，但如果你不做，你就没有机会成功！”

能想到躺到河水流干了再过河，这确实是一个“伟大”的想法，可惜的是，这只是一个注定失败的“伟大”想法而已。

这条大河终究没有干涸，经过一番风浪之后，那位造船的朋友最终到达了对岸。

故事二：驭风少年

片段 1：许多辍学的孩子在交易中心闲荡着。他们既不种地，也不打算继续读书。白天干点零工，晚上就会去酒馆把钱全花掉。他们中许多人变成了烂醉如泥的酒徒，到了清早才会跌跌撞撞地走回家。这些人是在“埋葬”自己的生活。他们满足于打零工的日子，没有明确的生活目标。我真怕自己会变成他们那样。等风车的计划失去新鲜感，改进方案显得越来越难以后，我的野心会被一排排的玉米埋没——忘却梦想比什么都容易。

片段 2：从我第一次听到收音机里传出声音起，我就很想知道这个小盒子到底是如何运转的。我看着露在外面的线圈，很想知道它们到底起什么功用，为什么颜色各异，它们的走向又是怎样的？为什么这些线圈和塑料合在一起能让布兰太尔的音乐节目主持人在我家说话？这种东西是谁发明的？他又怎么会有如此精妙的构思？

片段 3：“安静一下，”有个声音在说，“让我们见识见识这个男孩到底有多疯狂。”一阵突如其来的风把下面的吵闹声完全淹没，然后演变成一股恒定的强风。大风卷起了我的 T 恤，脚下的阶梯在风中不住地摇晃。我集中精力，把一段用来固定风车叶片的铁丝取了下来。摆脱了束缚后，轮轴和叶片在风力的推动下渐渐转动起来，开始很慢，然后越转越快。最终，风车在这股力量的推动下开始跟着摇晃。我的膝盖一阵发软，但我坚持着没有动摇。

片段 4：“我尝试过，我做到了！”

坎宽巴是个执着的少年，他一无所有，若说有，那便是对科学的好奇与探索。为了心中的那个梦想，他勇往直前。没有造风车的零件，没有电池，没有电线，这些困难都没有成为前进道路上的绊脚石，他建木塔、造风车，每一个细节都会谨慎考虑，充分展示了发明家的天赋。面对众人的质疑，他用执着诠释了自己的才能；面对重重的困难，他用执着演绎了天才少年的勇气。

每个人都有自己的梦想，少年坎宽巴把自己的梦想变成了现实，这不是偶然，是他对心中梦想的不懈坚守，对科学知识的执着探索，威廉·坎宽巴值得我学习。

——威廉·坎宽巴《驭风少年》

心灵碰撞

【情景分析】

情景一：王静是某职业学校会计一班的学生。她的数学成绩一直不太好，每次上专业课她都会犯很多错误，因此她表现得很沮丧。她总是一遍一遍地告诉自己，“我的数学不好，我学不好会计了”，这导致她根本不能静下心来认真听讲，因此，她的成绩也上不去。

情景二：刘涛是个调皮捣蛋的学生，每次不是上课迟到就是在课堂上说话被老师训斥。他也从来没有真正认识到自己的错误，反而经常挂在嘴边的一句话是：错误是成功之母，错误让我变得更好！

情景三：王小波是计算机一班的学霸。他不仅勤奋学习，而且积极好问。每次遇到不懂的问题，他都要向老师或他人请教，直到完全弄懂为止。他经常说：困难不可怕，只有克服了困难，我才能更好地成长。

以上同学在面对困难时的态度，你认为合适吗？说说你的观点。

____

____

【活动时刻】

怎样尽快改变我们的思维模式，快速成长呢？在我们的学习和工作中，尝试用正面的、积极的语言代替负面的、消极的语言，坚持练习就可以运用语言和视觉的力量改变我们的思维模式和行为习惯。

方法：

（1）改变思维方式：在日常的学习生活中，当遇到下面类似情境时，尝试换个说法，逐步改变固定思维方式，培养成长型思维。如：

固定型思维	成长型思维
我就是搞不懂。	我忽略了什么吗？
我放弃了。	我得试试我学过的（别的）方法。
我犯错误了。	犯错能让我变得更好。
这太难了。	我可能需要更多的时间和精力（才能搞定）。

续表

固定型思维	成长型思维
已经挺好的了。	这真的是我的最好成绩吗？
我不可能像别人一样聪明。	别人是怎么做的，我也要试试看。
我阅读不太好。	我要训练我的阅读能力。
我不擅长这个。	我正在提高。
我不能做得更好了。	我还能做得更好，我要继续试试！

思维大转换：我们每个人都存在两种思维模式，你觉得在什么样的情境下，你的固定型思维会出现，它通常说的话是什么，去觉察并描述它，然后尝试运用你的成长型思维对它进行转换。

固定思维模式	成长型思维模式
出现的场合、时间： 它通常说的话： 它对我的影响：	我会用成长型思维对它说：

心海拾贝

【讨论】

1. 王雅静在初入职场时困难重重，但最终她克服了困难，获得了老板的认可。从王雅静的案例中你得到了哪些启示？

2. 曾经有些事情，我们认为自己不可能，但我们坚持尝试，最后成功了。想一想，生活中你经历过类似的事情吗？谈谈你自己的经验和体会，并与同桌交流看法。

【自我剖析】

你了解自己的思维模式吗？下面我们列出了一些观点，请勾选出你同意的观点。

1. 有些事情我永远都做不好。
2. 当我犯错误时，我会试着从错误中学习。
3. 当其他人做得比我好时，我会觉得受到了威胁。

4. 我喜欢走出自己的舒适区。
5. 当我向别人展示我的聪明或才能时，我很有成就感。
6. 我会因他人的成功受到启发。
7. 当我能做到别人做不到的事情时，我会感觉很好。
8. 你的才智是有可能改变的。
9. 你不必试图去变聪明——你本就聪明或你并不聪明。
10. 我喜欢接受我不熟悉的新的挑战或任务。

【结果解释】

题号 1、3、5、7、9 指的是固定型思维，而题号 2、4、6、8、10 指的是成长型思维。如果你基数和偶数题号均有选择，指的是你是混合型思维模式，即在不同情境下有所偏向。

你是哪种思维模式？对此，你有什么想法呢，说一说你的看法。

____

____

小活动：流星雨

【活动要求】

（1）每位同学都要专注投入，用心体会做队员时的内心感受。
（2）每位同学都应仔细体会成功接到东西时自己的感觉。

【活动实施】

分组：全班 45 人，分成 A、B、C 三组，15 人一组。

【活动规则】

（1）每个队员在道具中找到一件柔软的、可以扔的东西，各小组围成一个圆圈。
（2）每组邀请 2 个志愿者站在圈中间，背靠背而站。
（3）当听到“3、2、1”指令后，各组组员要把手中的东西一起高高地抛给中间的两位志愿者，而两位志愿者要尽可能多地接住抛过来的东西。
（4）重复整个游戏过程，直到每个队员都得到过站在中间的机会，期间要鼓励队员打破先前的纪录。
（5）记录每次活动中志愿者各接住了多少东西。

【分享与讨论】

（1）当你作为志愿者站在中间时有什么样的体会？

____

____

（2）有没有一直接不到东西的人，请思考一下为什么接不到呢？

____

____

（3）打破纪录的人是通过什么方法让自己成功的呢？

____

____

心理测试

成长型思维测量表——Dweck（1999）①

请使用 1 ~ 6 的一个数字来表示你对下列说法的态度，“1”代表“完全不同意”，“6”代表“完全同意”，2、3、4、5 代表其间的不同程度。请你根据自己的实际情况在相应选项的数字上画“√”，测一测你的思维类型。

题号	题目	完全不同意	→				完全同意
1	智力很难改变	1	2	3	4	5	6
2	你可以学习新知识，但却无法改变自己的基本智力水平	1	2	3	4	5	6
3	你有一定的智力水平，即便努力很多也不能改变它	1	2	3	4	5	6

① 卡罗尔·德韦克．心理定向与成功［M］．王成全，等译．北京：人民邮电出版社，2007：34.

续表

题号	题目	完全不同意	→				完全同意
4	不管你是谁，你都可以很大程度上改变你的智力	1	2	3	4	5	6
5	你甚至可以在很大程度上改变你的基本智力水平	1	2	3	4	5	6
6	你总能在很大程度上改变你的智力	1	2	3	4	5	6

评分规则：

该量表包含 6 个项目，采用六点量表计分，完全不同意到完全同意，完全不同意计 1 分，完全同意计 6 分，总得分越高代表越具有成长型思维。

心香一瓣

电影欣赏：《土拨鼠之日》

影片介绍： 这是一部由哈罗德·雷米斯执导的喜剧片，影片中讲述了气象播报员菲尔在执行任务偶遇暴风雪后，发现自己停留在了 2 月 2 日这一天，每天吃着同样的早餐，做着同样的工作，无论菲尔怎么改变，都始终无法再前进一步。

现实生活中，虽然我们不会遇到这样荒唐的事，但很多人也过着这样重复的人生。他们用一成不变的眼光和思维，每天做着同样的事。其实，这些人内心是非常矛盾的，他们一面厌倦着这样的重复，渴望改变和成长，另一面却又对改变充满抗拒，只要遇到挑战，便会退缩到自己的舒适区，不敢尝试。

电影《土拨鼠之日》海报

影片评价： 如何把重复的人生过得有意义？在这场关于时间的游戏里，我们从菲尔身上看到太多自己的影子，也在菲尔的经历里，重新理解了生命的意义。出于对美好的渴望，对更好的自己的向往，我们从一个不完美的人，修炼成一个更好的自己，在过好自己人生的同时，帮助他人过好他们自己的人生。

影片观后感：

____

____

____

心路历程

回顾整个人类历史，它是一个不断创新、不断超越的过程。因此，在工作和学习中，我们要积极面对出现的各种问题、挑战和困难，逐步地培养自己的思维方式。思维方式不是天生的，它可以通过后天的培养和训练获得。

请大家一起来设计“换个说法，改变思维”的主题海报。

要求：

1. 罗列出自己在日常生活中会出现的固定型思维的典型表达，并写出改进的成长型思维的表达。

2. 在海报上写出自己的兴趣、爱好、目标、任务。

3. 将海报张贴在教室墙上进行展示，鼓励自己向着目标勇往直前、不断前进。

无论你的能力是什么，都是努力点燃了那个能力，并将它转化为成就。

——卡罗尔·德韦克

活动十五 高效自主自觉

健脑操 – 开脑四式

学习领域： 自律——学会终身学习	学习情境： 高效自主自觉	
姓名____________ 班级____________ 日期______________________________		

心情故事

假期伊始，家长群已经炸开了锅，家长们都在抱怨着自家孩子的学习状态。

明川妈妈：“我家孩子放假在家写作业特别不认真，最近连网课都不听了，可愁死我了。”

李宇凡妈妈：“我家的也这样，干啥都磨磨蹭蹭的，早上不起，晚上不睡，这不落了好几天的作业没写了。”

周旭妈妈：“嗯，孩子们怎么都这么不自觉呢？让他写作业，一会儿要喝水，一会儿要吃水果，一会儿又上厕所，好像作业上有钉子一样。本来 30 分钟能写完的作业，硬生生写了 2 小时。”

明川妈妈：“现在社会对孩子们的诱惑太多了，孩子们每天都被手机、电脑、电视等电子产品包围着，家长在旁边盯着都管不住，更别说自主学习了。”

就在家长们都很困惑和无助，不知怎么办的时候，班主任田老师出现了。

田老师说：“的确，刚才各位家长反应的问题是每个家长都会遇到的情况。在当今社会，孩子们缺乏学习兴趣，主要表现为不爱学习、应付学习、学习需要家长监督、懒惰散漫、敷衍了事、知难而退等。但是，也有些孩子独立自主、求知欲强，学习也很出色，且学习过程很轻松愉快。”

家长们：“那么，到底是什么原因使孩子在‘学习自主性’方面产生差异的呢？”

田老师继续说道：“先请各位家长回忆一下在辅导孩子的过程中是否出现过以下这些情况呢？①孩子在家写作业写错了，马上打断他，说他写的不对；②总是批评他不爱学习，就知道玩，给他心理暗示；③一直催着他学习，让他觉得学习是为了父母而学；④成绩好就奖励，成绩不好就惩罚，让他把学习当成功利性的事情。如果你是这样做的，那么你正在破坏孩子的自主学习能力。”

请同学们想一想，班主任田老师为什么会说家长正在破坏孩子的自主学习能力？

____

____

心境探秘

在上面的心情故事中，我们发现如何高效自主地学习已经成为中职学生面临的普遍问题。尤其是在当今科技高速发展的时代，学生们已经被电子产品包围，各种手机、电视、电脑等电子产品在日常生活中随处可见。如何抵御外界诱惑，这就要求学生培养良好的学习习惯，增强自控能力，提高自主学习的能力。

首先，激发学习欲望。一是强化学习动机。学习需要动机，它是由学生的个人需要而产生的学习内驱力。我们要努力强化学习动机，如采取树立远大理想、参加竞赛、挑战优秀者等方式激发学习欲望。二是培养学习兴趣。兴趣是最好的老师，它能起到激活作用，促使我们尽快进入学习状态，而且将全部精力集中于学习并维持足够长的时间。我们可以利用好奇心和求知欲激发学习兴趣，在学习的过程中，多留心观察一切事物，多问“为什么”，感受知识的魅力。同时静下心来认真学习学科知识，分析其内在逻辑结构，感受学习的乐趣。三是培养积极的学习态度。将积极的情感与学习联系起来，防止消极情感，学会控制和约束自己的行为，将注意力集中于学习。

其次，掌握科学的学习方法。

（1）预习。预习，就是在测览教材的总体内容后再细读，充分发挥自学能力，找出重难点并做好标记。这样既提高了自学能力，又为听课“铺”平了道路，形成期待老师解析的心理定势，从而调动学习的热情和注意力。

（2）听课。听课，是获取知识的最佳捷径。在听课的过程中不仅需要我们集中注意力，防止思想开小差，还需要我们认真观察、积极思考，充分调动学习的积极性，更需要我们抓重点，做笔记，充分调动耳、眼、手、心等器官协同工作，提高听课效率。

（3）作业。作业是复习掌握知识，提高思维能力的途径。通过审题、分析问题、解决问题可以达到巩固检验自己的目的。

（4）复习。德国教育学家第斯多惠说：“必须时常回复到所学的东西上而加以复习……牢固地记住所学会的东西，这比贪学新东西而又很快忘掉好得多。”复习既要抓重点又要掌握多种方法，例如采取课后回忆、精读教材、整理笔记、查缺补漏、循环复习等方法。

最后，加强自我监控能力。我们在学习的过程中要对学习活动进行积极的计划、检查、评价、反馈和调节，以达到预定的学习目标。保证学习不受外界的干扰，及时发现学习过程中的问题，提高自主学习能力。

心灵碰撞

【情境分析】

情境一：下面是一些日常生活中的认识或现象，你认为是对的还是错的，为什么？

1. 学习的时候可以戴着耳机，边听歌边学习。
2. 想学习的时候就学，想玩的时候就玩。
3. 看到别人在打篮球，放下作业就跑出去玩。
4. 每天回到家，先看会儿电视，再玩会儿，很晚了才匆匆地写完作业。
5. 学习什么都是父母说了算，因为他们有经验。
6. 自主学习是个人的问题，我爱学习什么就学什么。

在你学习的过程中，遇到过哪些困难？你是怎么解决的？请和同桌分享你的故事。

____

____

情境二：小明是某职业院校计算机专业的学生，入学之初他就给自己定下了严格的学习计划。他要求自己每天早晨4点半起床，锻炼身体后背英语单词，可坚持了不到三天，就做不下去了。现在的他很失落，觉得自己没有毅力，什么也干不成。

你认为小明的学习计划为什么会失败呢？他要如何改进才能完成自己的目标呢，说说你的看法？

____

____

【活动时刻】

你是否有过这样的经历：总觉得每天很忙，但仔细想想好像又没有做什么，这需要我们提高自己的时间管理能力。时间管理，指按照事情的轻重缓急排列做事的顺序，从而提高学习效率。让我们一起来试试吧！

方法：

（1）坚持要事第一原则。将自己的事情按照重要程度进行划分，重要且紧急的事情要马上做，重要但不紧急的事情坚持做，紧急但不重要的事情根据情况决定马上做或是等等再做，不紧急也不重要的事情不一定做。请同学们列出一天中要做的事情，并按优先等级排序，制定任务处方单。

任务处方单

	紧急	不紧急
重要		
不重要		

（2）今日事今日毕。一旦计划确定，则必须按照计划执行，可根据任务紧急情况采取建立每日任务清单、填写时间日志等方式监督自己完成。

时间日记样表

任务	事件等级	时间安排	完成过程

续表

任务	事件等级	时间安排	完成过程

温馨提示：任何习惯和能力的培养都不是一蹴而就的，需要我们在日常生活和学习中反复练习。时间管理也是如此，只有长久地坚持才能做到自主、自觉、高效地学习。

心海拾贝

【讨论】

1. 面对家长们的困惑，你是否有过这样的经历，谈谈你的想法？

2. 如何才能高效、自主、自觉地学习？谈谈你的经验和体会，并与同桌交流看法。

【思考时刻】

一天，教授在桌子上放了一个装水的罐子，又拿出一些正好可以从罐口放进罐子里的鹅卵石。然后问他的学生："你们说，这罐子是不是满的？""是！"所有的学生异口同声地回答。"真的吗？"教授笑着问，然后再从桌底下拿出一袋碎石子，把碎石子从罐口倒下去，摇一摇，再加一些，再问学生："你们说，这罐子现在是不是满的？"这回他的学生不敢回答得太快："也许没满。""很好！"教授说完后，又从桌下拿出一袋沙子，慢慢地倒进罐子里。倒完后，他再问学生："现在罐子是满的吗？""没有满。"全班同学这下学乖了，大家很有信心地回答说。"好极了！"教授又从桌底下拿出一大瓶水，把水倒进看起来已经被鹅卵石、小碎石、沙子填满了的罐子。当这些事都做完之后，教授正色地问他班上的同学："你们从上面这些事情中学到了什么重要的道理？"一位学生回答说："无论我们的工作多忙，行程排得多满，如果要逼一下的话，还是可以多做些事的，这门课讲的是时间管理。"教授听到这样的回答后，点了点头，微笑道："答案不错，但这并不是我要告诉你们的最重要的。""我想告诉各位最重要的信息是，如果你不先将大的鹅卵石放进罐子里去，你也许以后永远没机会把它们再放进去了。"

每一天我们都在忙，每一天我们所做的事情好像都很重要，每一天我们都不断地往罐子里灌进小碎石或沙子，你有没有想过，什么是你自己生命中的鹅卵石？

____

____

心理测试

自主学习能力测试[①]

请认真阅读下列每个条目，并根据你的真实情况作答。作答时不必花费过多时间，仅凭第一印象即可。其中 1 表示非常不符合，2 表示不符合，3 表示比较不符合，4 表示比较符合，5 表示符合，6 表示非常符合，请在符合的标号下方打勾。

	非常不符合	不符合	比较不符合	比较符合	符合	非常符合
1. 我经常能从学习中找到乐趣	1	2	3	4	5	6
2. 我努力学习是为了以后有好的前途	1	2	3	4	5	6
3. 如果我付出必要的努力，我一定能解决大多数的问题	1	2	3	4	5	6
4. 努力取得好成绩是为了获取奖学金	1	2	3	4	5	6
5. 我认为学校里学习的东西对我很有用	1	2	3	4	5	6
6. 我经常为了学习的事情紧张焦虑	1	2	3	4	5	6
7. 我经常能从学习中找到乐趣	1	2	3	4	5	6
8. 我努力学习是为了以后有好的前途	1	2	3	4	5	6
9. 如果我付出必要的努力，我一定能解决大多数的问题	1	2	3	4	5	6
10. 努力取得好成绩是为了获取奖学金	1	2	3	4	5	6
11. 我认为学校里学习的东西对我很有用	1	2	3	4	5	6

① 朱祖德，王静琼，等．大学生自主学习量表的编制［J］．心理发展与教育，2005（3）．

续表

	非常不符合	不符合	比较不符合	比较符合	符合	非常符合
12. 我经常为了学习的事情紧张焦虑	1	2	3	4	5	6
13. 我能安排好我的学习时间	1	2	3	4	5	6
14. 我想在大学学到更多有用的知识	1	2	3	4	5	6
15. 如果我付出足够的努力，就能理解学习的内容	1	2	3	4	5	6
16. 我非常关心自己的学习成绩在班里的排名	1	2	3	4	5	6
17. 我想我能够把学习到的知识应用到实践中	1	2	3	4	5	6
18. 考试的时候，如果不能回忆起所学的知识，我会感到很紧张	1	2	3	4	5	6
19. 我经常从学习中获得满足感	1	2	3	4	5	6
20. 我努力学习是为了以后能找到好的工作，大学学习成绩主要靠勤奋	1	2	3	4	5	6
21. 我常常和别人比较学习成绩	1	2	3	4	5	6
22. 不能取得好的学习效果我会担心	1	2	3	4	5	6
23. 我对学习感兴趣	1	2	3	4	5	6
24. 我努力学习是为了完善自我	1	2	3	4	5	6
25. 学习失败是我努力不够	1	2	3	4	5	6
26. 考试时，我担心自己会考得很差	1	2	3	4	5	6
27. 我觉得自己的自我控制能力很强	1	2	3	4	5	6
28. 对我来说，掌握所学的知识是重要的	1	2	3	4	5	6
29. 对设定的目标，我勤奋努力总能实现	1	2	3	4	5	6
30. 我能处理好学习与课外读物的关系	1	2	3	4	5	6
31. 如果我尽力去做的话，我总是能够解决难题的	1	2	3	4	5	6
32. 我努力学习是为了增强自己的能力	1	2	3	4	5	6
33. 凭我的能力，我能够掌握要求掌握的知识	1	2	3	4	5	6
34. 学习的成功是我努力的结果	1	2	3	4	5	6
35. 我会选适合我的环境去自修	1	2	3	4	5	6
36. 我经常和老师交流学习问题	1	2	3	4	5	6
37. 我对每个星期要做的事情都有一个安排	1	2	3	4	5	6

续表

	非常不符合	不符合	比较不符合	比较符合	符合	非常符合
38. 我通常都能把握学习的重点和难点	1	2	3	4	5	6
39. 我的学习计划对我的学习帮助很大	1	2	3	4	5	6
40. 对于不感兴趣的课我经常逃课	1	2	3	4	5	6
41. 学习烦了的时候，我会先放松一下再学习	1	2	3	4	5	6
42. 课堂上有不懂的地方，我会在课余休息时向老师或同学请教	1	2	3	4	5	6
43. 我常把任务完成的情况和我的目标进行比较	1	2	3	4	5	6
44. 我对大学的学习很适应	1	2	3	4	5	6
45. 我经常考虑如何改善我的学习	1	2	3	4	5	6
46. 上课时我会经想别的事情，而没有真正听老师在讲什么	1	2	3	4	5	6
47. 我先安排时间做最重要的事情	1	2	3	4	5	6
48. 课前会有选择地进行预习	1	2	3	4	5	6
49. 每学期初我都会有一个大致的学习计划	1	2	3	4	5	6
50. 考试前我会对知识做系统地汇总、总结	1	2	3	4	5	6
51. 我现在的时间安排对我的学习帮助很大	1	2	3	4	5	6
52. 我经常因夜里玩游戏太多或上网时间太长而睡眠不足	1	2	3	4	5	6
53. 即使考试题很难，我也会尽最大努力去完成考试	1	2	3	4	5	6
54. 我会安排时间读老师推荐的参考书	1	2	3	4	5	6
55. 我利用多种方法以加强学习效果	1	2	3	4	5	6
56. 在学习过程中我经常会及时总结经验	1	2	3	4	5	6
57. 我常常对自己的工作什么时候完成设一个期限	1	2	3	4	5	6
58. 我觉得学习方法很重要	1	2	3	4	5	6
59. 在学习上，我经常和同学互相帮助	1	2	3	4	5	6
60. 心情不好的时候，我也能坚持把学习任务完成	1	2	3	4	5	6
61. 在完成一个目标后我会很快制订新的目标	1	2	3	4	5	6
62. 在擅长的科目上，突然考了低分，我会认真检讨自己；作业发回后，我很关心错在什么地方及教师的评估	1	2	3	4	5	6
63. 发现计划和现实不协调时，我会调整学习计划	1	2	3	4	5	6

续表

	非常不符合	不符合	比较不符合	比较符合	符合	非常符合
64. 考试时我会跳过难题先做容易的试题	1	2	3	4	5	6
65. 学习时，我喜欢做笔记，以帮助记忆	1	2	3	4	5	6
66. 对学习成绩不好的科目，我会想办法努力赶上	1	2	3	4	5	6
67. 我会在课外学习在课堂上没有听懂的内容	1	2	3	4	5	6
68. 我经常会将不会做或做错的题目进行归类，并及时查漏补缺	1	2	3	4	5	6
69. 学习时，我会用自己的话来理解重要的知识	1	2	3	4	5	6
70. 发现自己解题的答案与其他同学不同时，我马上与同学讨论交流	1	2	3	4	5	6
71. 我注重劳逸结合以达到最好的学习效果	1	2	3	4	5	6
72. 不同时候我会选择不同的学习方法或内容	1	2	3	4	5	6

评分方式如下：

非常不符合：1分，不符合：2分，比较不符合：3分，比较符合：4分，符合：5分，非常符合：6分。

此量表分动机分量表和策略分量表。

动机分量表包括：

(1) 自我效能感　第1、7、13、18、22、25题。
(2) 内在目标　第2、8、14、19、23、26、28、30题。
(3) 学习控制　第3、9、15、20、24、27、29题。
(4) 外在目标　第4、10、16题。
(5) 学习意义　第5、11题。
(6) 学习焦虑　第21、6、12、17题。

策略分量表包括：

(1) 一般方法　第31、37、43、49、54、58、61、63、65、67、68、69题。
(2) 学习求助　第32、38、44、50、55、59、62、64、66题。
(3) 学习计划　第33、39、45、51、56、60题。
(4) 学习总结　第34、40、46、52、57题。
(5) 学习评价　第35、41、47题。
(6) 学习管理　第36、42、48、53题。

其中36、48、53为反向计分。

心香一瓣

电影欣赏：《实习生》

电影《实习生》海报

影片介绍： 这是一部由安妮·海瑟薇、罗伯特·德尼罗主演的职场喜剧片，该片讲述了本·惠科特在退休之后重返职场的故事。本·惠科特这个实习生虽然年龄已大，但他每天按时起床，着装整洁，拎着古董手提包，携带手帕，这些可爱的生活习惯吸引了非同龄的小伙伴，使他在职场不孤独；每天带手帕的习惯也受到了大家的赞赏；坚持下班晚于自己的老板，使朱尔斯重新认识了他。本·惠科特强大的自律能力使每天的这些好习惯成自然。他的这种自律，是一种克制，一种风度，一个标准，引领他走向成功的远方。

影片评价： 弗洛伊德说过：生命中唯一重要的事情是爱情和工作。不论我们处于人生的哪个阶段，保持激情，积极蓄力，严格自律永远是我们前进的动力。

影片观后感：

____

____

____

心路历程

生活中，我们会遇到各式各样的诱惑，是随波逐流，还是加强自我控制力，两种不同的选择会导致两种截然不同的人生。面对诱惑，我们如何做到自主自觉，可以通过以下方法来练习：①加强心理调控，增强意志力，例如分析这种行为的后续危害来警醒自己。②通过寻求外界的力量来监督和约束自己的行为。如，想玩手机时，让父母帮忙把网络关掉或把手机暂存等。请同学们结合自己的实际情况，根据以上方法，制订一个自主自觉学习计划。

我的计划

1. 目前对我最具诱惑力的消极事件：______________________________
2. 分析这个事件的危害：______________________________
3. 为了防止此类事件再发生，我采取的措施：______________________________
4. 记录一周执行情况。

日期	事件	危害	措施
周一			
周二			
周三			
周四			
周五			
周六			
周日			

凡事预则立，不预则废。

——《礼记·中庸》

活动十六 终身不断学习

终身学习

学习领域： 自律——学会终身学习	学习情境： 终身不断学习	
姓名__________ 班级__________ 日期____________________		

心情故事

今天是实习归来的日子，大家都难掩兴奋，诉说着这一年来自己所经历的事情，好朋友明川和周旭也聊了起来。

明川："我被公司正式录用了，是一家进出口公司。刚进公司的时候，感觉自己什么都不会，就连经理让我做个账都要一边翻书一边做，现在我都搞定了，很受经理器重。周旭你呢，银行的工作也签了吧？"

周旭低着头，红着脸不作声。

明川："别不说话呀，有什么问题，我帮你一起解决呀！"

周旭："我被银行辞退了。"

明川很诧异地说道："你不是很有把握的吗？"

周旭："是，当时觉得自己进了银行，拿了'铁饭碗'就万事大吉了。所以每天下班后都是吃喝玩乐，别人利用下班后的时间参加各种培训学习，而我却很不屑，认为这是浪费时间。"

周旭继续说道："爸妈都劝过我，让我继续学习，提升竞争力。但我却不以为然，觉得现在的工作轻松不累，工资也还好，就这样干一辈子也行，干嘛要把自己过得那么累。可谁知，今年年底银行改制，很多人被裁员，其中也包括我。而那些一直坚持学习的人，要么留下来继续工作，要么很快就找到了新的工作。而我，却因为这半年不思进取，贪图安逸，非但没有丝毫进步，反而把之前学校里学到的知识都丢光了，一直找不到工作。”

明川听了周旭的遭遇后语重心长地说道：“周旭，我们在学校里学的东西，是最基本的知识，是我们找工作的敲门砖。而更多、更深入的学习和经验积累，其实是在工作之后，尤其是当下获得的。”

周旭：“是啊，曾经以为毕业就解放了，就不用学习了，现在才知道，我们要不断地学习，只有保持终身学习，才不会被社会淘汰。”

这次同学会后，在明川的帮助下，周旭制订了具体的学习计划，有针对性地训练自己的理财、人际交往等能力，不断地学习新知识。三个月后，周旭顺利地入职了一家理财公司。

心境探秘

周旭的经历告诉我们一个道理：学校学习只是学习的一部分，我们必须树立终身学习的理念，只有不断学习才能适应经济社会发展的需要。

21 世纪是知识、经济飞速发展的世纪。新知识、新技术每时每刻都在全球产生和发展，高新尖的科学技术和产业不断取代传统的技术和产业，人们的职业和岗位也在发生着频繁的变动。面对社会的高速发展，我们仅靠在学校学习的知识已经无法适应时代的要求。也就是说，作为新时代的青年，我们必须在工作和生活中，时刻学习新知识，不断掌握新技术，保持终身学习才能适应时代的发展而不被时代所淘汰。

终身学习是指社会每个成员为适应社会发展和实现个体发展的需要，贯穿于人的一生的、持续的学习过程。即我们通常所说的“活到老学到老”或者“学无止境”。终身学习相对于传统学习而言，是教育观念上的根本变革，它具有终身性、全民性、广泛性等特点。

终身性　传统的学习观认为人的学习就是禁锢于学校，接受学校教育，具有阶段性。而终身学习观则认为学习是一个不间断的过程，不会受到时间和地点的限制，是人一生中连续不断的学习过程，具有终身性。

全民性　是指接受终身教育的人包括所有的人，不论男女老幼、贫富差别、种族性别。在当今经济高速发展的社会，每一个人都需要通过不断学习提升自身技能，只有不断学习才能不被社会淘汰。

广泛性　终身教育既包括家庭教育、学校教育，也包括社会教育。可以这么说，它包括人的各个阶段，是一切时间、一切地点、一切场合和一切方面的教育。而且学习内容也具有广泛性，学习不再局限于课本知识，而是要适应社会发展的需要，即需要什么就学习什么，缺少什么就补学什么，做到“学以致用”。

终身学习启示我们，要树立终身教育思想，不仅要掌握知识和技能，学会学习，更要养成主动的、不断探索的、学以致用的和优化知识的良好习惯。学习者在一生的学习过程中具有处理学习各项问题的能力，在任何环境中，都能够进行有效的学习，从而促进各项能力的发展。

心灵碰撞

【情境分析】

情境一：马帅是浙江某职业学校的大一学生，自从进入职业学校后，马帅就不把学习当回事了，每天浑浑噩噩，成绩也一落千丈。他认为就是因为自己学习成绩不好才来到职业学校学习的，来到这里的人这辈子也就这样了，不可能再有改变，所以就不用学习了。

情境二：王云从中职学校毕业后进入了一家计算机维修公司工作。白天她在公司上班，夜晚回到家还要继续学习。她认为学习不能仅局限于学校，尤其计算机行业是个更新迭代迅速的行业，每天都会有大批新兴的东西产生，哪怕一天不学习都会跟不上社会发展的脚步。她感慨，毕业后需要学习的东西反而更多了。

情境三：周丽从中职学校毕业 5 年了，最近她感到自己的职业发展已经到了瓶颈期，要如何才能突破呢？通过向老师咨询，她了解到现在可以通过远程教育、网络学习等方式进入高职和成人高校学习，而且普通高等教育考试条件也放宽了，这给她提供了极大的便利，她决定通过继续学习来提升自身的竞争力。

对以上两位同学对待学习的态度，你有什么看法呢？请和同学们一起讨论，并谈谈你的观点。

____

____

【活动时刻】

学习记录表

良好的学习能力是一个优秀学生、员工必备的素质。一个现在有能力的人，如果不注重学习，一段时间后就会落伍；而一个暂时能力不算很强的人，只要坚持不断地学习，日后一定会成为一个能力出众的人。

请同学们从现在开始，记录自己一周的学习活动（正常课程学习除外），培养良好的学习习惯，提高学习能力。

星期	学习内容	学习方式
周一		
周二		
周三		
周四		
周五		
周六		
周日		

心海拾贝

【讨论】

1. 周旭本来可以顺利地入职银行，但最终却被辞退，这是为什么呢？

2. 从周旭的案例中，你得到了哪些启示？结合终身学习谈谈你的看法。

【思考时刻】

1. 在《成功故事》一书中，作者格兰维尔提出了成功的“一万个小时”定律：每个人成功的途径可能不同，但成功人士有一个共同点，就是他们在本行业投入的时间，超过一万小时。当你在一个领域投入大量时间以后，你就会成为这个领域的专家，并为你的成功奠定坚实的基础。成功的“一万个小时”，其实就是你为了目标不断学习、不断摸索的过程。可能有的人悟性高，运气好，在相对年轻时就能取得成功；而更多的人，都是大器晚成的。

“一万个小时”定律告诉我们了一个什么道理呢？

____

____

2. 曾国藩和小偷的故事：曾国藩有一次要背一篇文章，他朗诵了许多遍也记不住。恰好那天有个小偷上他家偷东西，小偷躲在门外，想等曾国藩睡着以后动手。无奈曾国藩总也背不下那篇文章，小偷最后实在等不及了，就推开书房门，把文章从头到尾一字不差地背了一遍，留下一句“这样的智力还读什么书”之后，无奈扬长而去。智力不好的曾国藩后来成为一代宗师，而那位智力极好的小偷却默默无闻。

为什么智力不好的曾国藩会成为一代宗师，而智力极好的小偷却默默无闻呢？

____

____

3. 一棵苹果树，终于结果了。第一年，它结了 10 个苹果，9 个被拿走，自己得到 1 个。对此，苹果树愤愤不平，于是自断经脉，拒绝成长。第二年，它结了 5 个苹果，4 个被拿走，自己得到 1 个。“哈哈，去年我得到了 10%，今年得到 20%！翻了一番。”这棵苹果树心理平衡了。但是，它还可以这样：继续成长。譬如，第二年，它结了 100 个果子，被拿走 90 个，自己得到 10 个。很可能，它被拿走 99 个，自己得到 1 个。但没关系，它还可以继续成长，第三年结 1 000 个果子……其实，得到多少果子不是最重要的。最重要的是，苹果树在成长！等苹果树长成参天大树的时候，那些曾阻碍它成长的力量都会微弱到可以忽略。真的，不要太在乎果子，成长是最重要的。

读完这个成长故事，你从中得到了什么启示呢？

____

____

心理测试

学习动机量表[①]

	完全不符合	比较不符合	比较符合	完全符合
1. 我并不那么在乎别人对我的学业表现有什么看法	1	2	3	4
2. 我比较喜欢在工作中有人替我设定清楚的目标	1	2	3	4
3. 越难的问题，我越乐于尝试解决它	1	2	3	4
4. 我十分清楚我的目标或目的是追求好成绩	1	2	3	4
5. 我希望我所从事的工作能够提供我增加知识和技能的机会	1	2	3	4
6. 对我而言，成功意味着比别人做得更好	1	2	3	4
7. 我喜欢独立思考解决疑难	1	2	3	4
8. 无论我所做事情的结果如何，只要能够感觉到我得到了新的经验，我便会觉得满足	1	2	3	4
9. 我喜欢相对简单而直接的任务或作业	1	2	3	4
10. 我十分清楚我自己在学业成绩上要达到的目标	1	2	3	4
11. 我做许多事都是受好奇心驱使	1	2	3	4
12. 我更关心的不是我做什么工作，而是从中得到什么回报	1	2	3	4
13. 我乐于钻研那些对我来说是全新的问题	1	2	3	4
14. 我喜欢选择自己有把握做好的工作，而非那些需要我竭尽全力的工作	1	2	3	4
15. 我很在乎别人对我的观点怎么反应	1	2	3	4
16. 我很少想到分数和奖赏	1	2	3	4
17. 当我能自己设定我的目标时，我会更为称心如意	1	2	3	4
18. 我认为工作表现很好但无人知晓的话是没有什么意义的	1	2	3	4
19. 对我而言，我所能赢得的成绩是推动我去努力的主要动力	1	2	3	4
20. 对我而言，能够做我喜欢的工作是很重要的	1	2	3	4

① 池丽萍，辛自强．大学生学习动机的测量及其与自我效能感的关系［J］．心理发展与教育，2006，22（6）：64-70.

续表

	完全不符合	比较不符合	比较符合	完全符合
21. 我喜欢做程序步骤十分明确的工作或任务	1	2	3	4
22. 只要做的是我乐于做的事，我不那么在乎分数和奖赏	1	2	3	4
23. 我乐于从事那些会使我专心得忘却一切的有兴趣的工作	1	2	3	4
24. 能赢得他人的肯定和赞赏是推动我去努力的主要动力	1	2	3	4
25. 无论做什么，我总希望有报酬或报偿	1	2	3	4
26. 我乐于尝试解决复杂的问题	1	2	3	4
27. 对我而言，有机会表现自我是很重要的	1	2	3	4
28. 我想要知道自己究竟能在学业上会有多出色	1	2	3	4
29. 我希望别人发现我在学业上会有多出色	1	2	3	4
30. 对我来说，最重要的是喜爱自己所从事的工作	1	2	3	4

心香一瓣

电影欣赏：《当幸福来敲门》

影片介绍：这部影片取材于真实故事，讲述了一位濒临破产、老婆离家的落魄业务员，如何吃苦耐劳地尽单亲父亲的职责、奋发向上成为股市交易员，最后成为知名的金融投资家的励志故事。

影片评价：成功的人是怎么成功的？虽然他们成功的道路各不相同，但他们的品性却有共性，比如好奇、谦虚、热情、胆大心细，更重要的是他们都有强大的学习能力，能保持终身学习。

电影《当幸福来敲门》海报

影片观后感：

____

____

____

心路历程

您身边的人终身学习能力如何，他们是怎样看待终身学习的？请同学们设计一个简单的调查问卷，走访调查身边的亲戚、朋友或者工作人员。要求如下：

1. 编制一个简单的终身学习能力调查问卷，问题包括工作满意度、用于学习的时间、学习的方式、学习的目的、学习的内容等你认为需要的内容。

2. 分小组用编制好的问卷去采访和了解情况，每组 3 ~ 7 人。

3. 统计采访结果，了解大家的终身学习能力。

4. 在心理课上，各小组汇报调查结果，并分享自己的感悟和收获。

问卷调查

您好！非常感谢您在百忙之中抽出时间来完成这份问卷。您提供的信息仅用于本次科学研究，不做其他用途，我们会为您严格保密，请放心如实地回答。

请您仔细阅读题目，独立判断这些题目与您的实际情况的符合程度，按照每个题目的要求，完成本问卷大约需要 10 分钟。感谢您的参与和支持。

年龄________性别________文化程度________职业________

1. 您对现在的工作满意吗？

A. 非常满意　B. 满意　C. 无所谓

D. 不满意　E. 非常不满意

2. 您认为工作后需要继续学习吗？

A. 非常需要　B. 需要　C. 无所谓

D. 不需要　E. 非常不需要

3. 您每周用于学习的时间？

A. 3 小时以下　B. 4~6 小时　C. 7~9 小时

D. 10 小时以上

……

路漫漫其修远兮，吾将上下而求索。

——屈原《离骚》

话题七

自立——职业规划探索

活动十七 职业兴趣探索

霍兰德职业兴趣类型

学习领域： 自立——职业规划探索	学习情境： 职业兴趣探索	
姓名＿＿＿＿＿＿ 班级＿＿＿＿＿＿ 日期＿＿＿＿＿＿＿＿＿＿＿＿＿＿		

心情故事

王雅静平时对班里的事务很积极，乐于助人。可是中秋假期过后，王雅静开始变得无精打采，好像有心事。周旭发现了王雅静的不对劲，在食堂吃饭的时候问她，“你怎么了，像霜打的茄子？”王雅静没有直接回答问题，而是很认真地反问道，“我们上职业学校，真得很丢人吗？”

周旭：“发生什么了？”

王雅静说：“假期家里来亲戚问我在哪里上学。奶奶听到妈妈说我在职业学校上学，立刻不高兴了。奶奶说表姐考上重点高中，我却只能上职业学校，怕亲戚笑话。我初中成绩一直不错，只是初三上学期得病，有一段时间不能上学，回学校后成绩下滑，心理压力也开始变大，之后恶性循环，中考没考好。父母虽然没说我，但我心里很难受。”

周旭想上去安慰，可突然不知道怎么说。自己又何尝不是这样呢，从小跟着奶奶长大，奶奶见人就夸自己聪明懂事，可是自己也没考上高中，这也让自己每次放假都不想回家。

一段沉默后，周旭说：“我们去找田老师吧，问问田老师有什么看法。”

王雅静说：“好！”

在田老师办公室，两位同学说出了自己的困惑，并和老师约定，在下午的心理课上来探讨这个问题。

下午心理课上，田老师针对学生中普遍存在的上中职学校是无奈之举，是失败的表现，将来是没出息的等想法，和同学们进行了探讨。

田老师说：“我先给同学们讲一个故事。2014 年，有一位学生初中毕业，他开始思考，自己未来到底想从事什么职业，过什么样的生活。通过多方咨询了解后，他考虑到自己爱动手，对机械操作有着浓厚的兴趣，而且当今社会技能人才紧缺，技校生毕业之后就业前景良好。所以他决定放弃高中，上职业院校，学一技之长。入学后他认真听讲、努力学习基础课知识，甚至在睡觉前和去食堂的路上，都会在心里默默地将新学知识温习一遍。由于成绩优秀，班主任给了他参加世界技能大赛河北省选拔赛的机会。他每天在实验室呆 14 小时，最终在世界技能大赛全国选拔赛中击败了来自全国各地的二十余名‘技能高手’，取得了全国第一名的优异成绩，成功进入了工业控制项目国家集训队。他在近 40 ℃室温的基地，每天训练 15 小时左右，为解决一个比赛中故障排除模块中的难题，他连着一周吃住在训练场地，困了就躺在实训室的桌子上休息一会儿。最终在‘五进三,三进一’选拔赛中，他凭借着细心、熟练的优势，成功入选为世赛工业控制项目的正选选手，远赴新西兰参加大洋洲技能大赛。在与澳大利亚和新西兰选手的比赛中，他不负众望，稳定发挥，获得了金奖。

2015 年 8 月，他赴巴西参加第 43 届世界技能大赛。他克服 11 小时的时差、语言障碍、试卷调整、设备材料不同等诸多困难，临危不惧，沉着应对，发挥稳定，在 25 个参赛国中与东道主巴西选手并列第八名，荣获优胜奖。回国后次日，时任中共中央政治局委员、国务院副总理马凯，在中南海接见了载誉归来的第 43 届世界技能大赛中国代表团成员，并与他们座谈。会上，马凯副总理在得知他年仅十七岁就获得优胜奖后，倍感惊讶，感叹中国技工年轻有为，并鼓励他再接再厉，再创辉煌。

由于成绩优秀，他还获得了留校任教的宝贵机会，主要负责工业控制项目选手相关训练安排指导、实训教学工作。”

田老师：“大家知道我讲的这位学生是谁吗？他就是你们的实训竞赛老师李老师。接下来大家讨论 3 分钟，并列出李老师在他的职业生涯规划中做了哪些努力，有哪些值得我们学习。”

心境探秘

通过李老师的职业生涯故事，我们明白了职业生涯规划要做到知己知彼。接下来我们做一个“我是谁”小练习。请大家补充以下句子，每个句型至少完成5句。

我是 我是 我是 我是 我是	我会 我会 我会 我会 我会
我喜欢 我喜欢 我喜欢 我喜欢 我喜欢	我想 我想 我想 我想 我想

这几个句式让我们从个性特征、能力技能、兴趣爱好、价值取向等几个方面对自己有了更全面的认识。

接下来，我们请同学们分析一下。

韩美：“老师，你让每个句式写5句，开始我除了‘我喜欢’写了3个，其他就只写出了一个，我实在不知道我会什么，我是什么样的人，也不知道自己想要什么。我一下子觉得自己什么都不会。”

田老师看着韩美，停顿了一下，沉稳地说道：“也许你的内心需要有一个人认可，你来感受一下，如果有一个人认可的话，你最希望这个人是谁？”

韩美沉默了一会儿，说：“妈妈。”刚说出口，韩美就开始哽咽了，强忍着泪水。

田老师看韩美情绪稳定了，说：“韩美，我们从现在开始，每天哪怕对自己有一点儿认可也好，我们不着急，慢慢来，好吗？”

韩美：“好。”

明川：“我来说，我是一个热情开朗的人，我是积极向上的人，我是乐于助人的人，我是健康的人，我还是一个帅气的男孩。”

哈哈哈哈……同学们哄堂大笑，“你还真有自知之明。”

明川：“别笑，还有呢。我会游泳，我会与人沟通，我会做 PPT，我会弹吉他，我喜欢赛车，喜欢打篮球，喜欢听音乐会，我想成为像姚明那样的 NBA 球员，也想成为优秀的电竞选手，我还想拥有自己的赛车。田老师，我写了这么多，是不是都没用，我喜欢赛车，又善于沟通，是不是我也只能成为一名汽车销售人员了呀？要是那样，人生也太没意义了。”

田老师：“能发现自己的兴趣很好，现在定义人生还太早，我们先探讨兴趣，下次课我们再看看我们怎么提升能力。”

王雅静说：“老师，我在列举的过程中，发现我是一个爱学习的人，只是我现在的目标还不是很明确，我该怎么确定目标呢？”

田老师：“这个问题问得好，下面我们就来探讨一下我们的兴趣、性格和职业有什么关系。”

心灵碰撞

同学们可以先思考一下下面几个问题。

1. 打篮球是工作吗？
2. 社团活动是工作吗？
3. 做家教是职业吗？
4. 学生是职业吗？

这些不是工作和职业，那么在你的生活中你见到过哪些工作和职业呢？

你见到过的工作	你了解的职业
1.	1.
2.	2.
3.	3.
4.	4.
5.	5.
6.	6.
7.	7.

心海拾贝

经过今天的学习，同学们对所学的专业以及未来要从事的职业有什么新的认识，对今后的学习有没有什么新的目标，请大家结合实际写下来。

心理测试

霍兰德职业性向理论

下面请大家想象一下，我们在一架飞机上，飞机盘旋在一望无际的大海上空。海面上有6个小岛。这时机长通过广播告诉大家，飞机出了一点小故障，需要大家暂时降落到下面的小岛上，并在小岛上生活一段时间，等飞机修好了再继续旅行。在岛上生活不需要费用，大家仅凭自己的兴趣进行选择就好。接下来我们来看一下这6座小岛分别是什么岛。

1号R岛——自然原始的岛屿

岛上保留有热带的原始植物，自然生态保持得很好，也有相当规模的动物园、植物园、水族馆。岛上居民以手工见长，自己种植花果蔬菜、修缮房屋、打造器物、制作工具。

2号I岛——深思冥想的岛屿

岛上人迹较少，建筑物多僻处一隅，平畴绿野，适合夜观星象。岛上有多处天文馆、科博馆以及科学图书馆等。岛上居民喜好沉思、追求真知，喜欢和来自各地的哲学家、科学家、心理学家交换心得。

3号A岛——美丽浪漫的岛屿

岛上充满了美术馆、音乐厅，弥漫着浓厚的艺术文化气息。同时，当地的原住民还保留了传统的舞蹈、音乐与绘画，许多文艺界的朋友都喜欢来这里找寻灵感。

4 号 S 岛——温暖友善的岛屿

岛上居民个性温和、十分友善、乐于助人，社区均自成一个密切互动的服务网络。人们多互助合作，重视教育，弦歌不辍，充满人文气息。

5 号 E 岛——显赫富庶的岛屿

岛上的居民热情豪爽，善于企业经营和贸易。岛上的经济高度发达，处处是高级饭店、俱乐部、高尔夫球场。来往者多是企业家、经理人、政治家、律师等，衣香鬓影，夜夜笙歌。

6 号 C 岛——现代、井然的岛屿

岛上建筑十分现代化，是进步的都市形态，以完善的户政管理、地政管理、金融管理见长。岛民个性冷静保守，处事有条不紊，善于组织规划。

序号	类型	人格类型、兴趣特点	典型职业特点	你还能找到什么适合职业
1号	实用型	尊重权威和规章制度，喜欢有秩序的、安稳的生活。惯于按照计划和指导做事，按部就班，细心有条理。不习惯自己对事情作判断和决策，较少发挥想象力；没有强烈的野心，不喜欢冒险。	经常使用工具、机器，重视操作技能的工作。 对要求具备机械方面才能、体力或从事与物件、机器、工具、运动器材、植物、动物相关的职业有兴趣并具备相应能力。 如：技术工人、工程师。	
2号	研究型	喜欢理论研究，潜心于专业领域的创新和应用；喜欢探索未知领域，擅长使用逻辑分析和推理解决难题；不喜欢官僚式的管理行为过多地影响研究工作。	喜欢智力的、抽象的、分析的、钻研的工作。喜欢独立的定向工作。 喜欢将通过观察、评估、衡量等结果形成理论，由此发现和解决新的问题。 如：科学家、研究室研究员。	
3号	艺术型	热爱艺术，富于想象力、拥有很强的艺术创造力；乐于创造新颖、与众不同的成果，渴望表现个性，展现自己；做事理想化，追求完美；擅于用艺术形式来表现自己和表现社会；进行艺术创作或创新时，不喜欢受约束和限制。	要求具有一定艺术修养的工作。 对创造力、表达能力和直觉要求比较高的工作。 能将想象力和创造力应用于语言、行为、声音、颜色等表达方式的工作。 如：作家、艺术家。	

续表

序号	类型	人格类型、兴趣特点	典型职业特点	你还能找到什么适合职业
4号	社会型	乐于助人和与人打交道，乐于处理人际关系；喜欢从事对他人进行传授、培训、帮助等方面的服务工作；愿意发挥自己的感染力和说服力引导别人；通常他们有社会责任心，热情、善于合作、善良、耐心，重视社会义务和社会道德。	与人打交道的工作，为他人提供信息、启迪、教导和帮助的工作。 如：护士、教师、心理咨询师。	
5号	企业型	对其所能支配的各种资源能够进行有效的计划、组织、领导和控制；喜欢影响别人、敢于挑战，自信、有胆略、有抱负，沟通能力出色，擅长说服他人，追求声望、经济成就和社会地位。	经营、管理、监督和领导类工作有挑战、有声望的工作。有经济地位和社会地位的工作。 如：企业家、政治家、企业高管。	
6号	事务型	喜欢使用工具或机械从事操作等动手性质的工作，动手能力强，通常喜欢亲自体验或实践理论和方法甚于与其他人讨论，一般不具有出众的交际能力，喜欢从事户外工作。	注重细节、精确度、有系统、有条理的工作记录、归档、整理的工作。 根据特定要求或程序进行信息组织和管理的工作。 如：会计、文秘。	

接下来，请大家感受一下自己想在哪里生活。选出前三号岛屿，并写出原因。

1号岛屿	2号岛屿	3号岛屿

这6种类型是美国心理学家约翰·霍兰德提出的职业兴趣理论。他把人的人格类型、兴趣与职业分成相对应的6种类型。这6所岛屿对应着不同的人格类型。1号岛屿对应实用型，2号岛屿对应研究型，3号岛屿对应艺术型，4号岛屿对应社会型，5号岛屿对应企业型，6号岛屿对应事务型。这6种类型也有着典型的职业特点。

我们同学可能或多或少都具备这6种兴趣类型，只是更偏重于哪一个。为了更全面地了解职业兴趣，我们通常用最强的3种职业兴趣代码来表示一个人的职业兴趣，这就是霍兰德职业代码。比如会计师的职业代码是CSE。

心香一瓣

电影欣赏：《肖申克的救赎》

电影《肖申克的救赎》海报

影片介绍： 20世纪40年代末，小有成就的青年银行家安迪因涉嫌杀害妻子及她的情人而锒铛入狱。在这座名为肖申克的监狱内，希望似乎虚无缥缈，终身监禁的惩罚无疑注定了安迪接下来灰暗绝望的人生。未过多久，安迪尝试接近囚犯中颇有声望的瑞德（摩根·弗里曼饰），请求对方帮自己搞来小锤子。以此为契机，二人逐渐熟稔，安迪也在鱼龙混杂、罪恶横生、黑白混淆的牢狱中找到属于自己的求生之道。表面看来，他已如瑞德那样对监狱从憎恨转变为处之泰然，但是对自由的渴望仍促使他朝着心中的希望和目标前进。

影片评价： 才华、毅力两样，是任何人在任何境况下得到自由的最佳通途。追求自我的人生并非只是一个梦想，只是在于自己怎么去做，不管结果怎么样，这个过程很重要。

影片观后感：

____

____

____

心路历程

同学们分成两组，分别去调研一个行业和去访谈一个人物，形成调研报告和访谈录，下次课分享。

三百六十行，行行出状元。

——中国民谚

活动十八

提升职业能力

生涯幻游

学习领域： 自立——职业规划探索	学习情境： 提升职业能力	
姓名＿＿＿＿＿＿ 班级＿＿＿＿＿＿ 日期＿＿＿＿＿＿＿＿＿＿＿＿＿＿＿		

心情故事

明川和李宇凡刚刚收听完学校组织的优秀毕业生报告会，从报告厅出来，边走边聊。

李宇凡：“我觉得咱那个李师姐也太厉害了吧，卖房子都能卖成销冠，这是我追赶的目标。”

明川：“就你？我看差距还是大了点，你拿什么追赶？”

李宇凡：“让我想想。”

“李师姐提到，她当时是广播站成员，一直坚持播报知识新干线，一定从中学到了不少新知识，要不我也报名参加广播站？”“还有，李师姐还说，她寒暑假去做兼职，去过汽车 4S 店、商场。我想她销售能力就是那时候培养的吧？我以后也多去实践。”

明川：“我倒觉得相辉师兄的经历更值得我们学习，他上学的时候认真学习专业知识，苦练技能，通过单招考试，拿到本科学历，一毕业就能靠自己的专业技能被大的互联网公司录用，现在成了技术总监。我觉得我们是学生，学习肯定是最重要的。而且中职毕业不太好找工作，有机会还是得往上考，你还是好好学习吧。”

李宇凡：“学习是很重要，可是只知道学习肯定也是不行的。我们去问问田老师，看下次心理课能不能讲讲？”

明川：“没问题。”

心理课上，田老师问同学们，“前段时间我们学校组织的优秀毕业生报告会大家都看了吧？看完后你们有什么想法吗？”

“前天，李宇凡和明川找我，说出他俩在听了报告会以后的很多困惑和问题。我发现报告会开完后，在学生中出现了关于职业能力提升，和能力、学历哪个更重要等问题的探讨。那今天大家就在课堂上说说你们的观点吧。”

韩美说：“老师，我觉得这两个都很重要，能力决定了你今后在职场能走多远，而学历却决定了你从哪里开始走。”

李宇凡：“你说得好像挺有道理，只是没用。我们时间有限，总要做最重要的事情吧。我觉得我们是中职院校，本来就是突出技能培训的，肯定要看未来工作需要什么能力就培养什么能力。”

王雅静：“我中考没考好，如果有机会，我还是希望能够上个专科或本科。我现在没想工作，就是觉得得好好学习。”

明川：“我觉得大家说的都不矛盾，我们的课程本来就有文化课和专业课，我们上课也是在提升技能。”

“明川说得对，我们学校的课程设计是根据职业学校人才培养计划来设计的，符合你们的未来职业发展需求。”

下面请同学们思考一下，你未来职业发展的目标和职业要求是什么？现阶段需要完成的任务是什么，你做了哪些准备，是否与目标相匹配？如果不匹配，你还需要采取哪些行动？

心境探秘

职业生涯规划有个三叶草模型，提到职业生涯中非常重要的三要素，分别是兴趣、能力、价值。同学们，你们觉得这三个要素在一个人的职业发展过程中重要吗？它们是怎样的关系呢？如果缺失一个会给我们的职业状态和情绪带来什么影响呢？

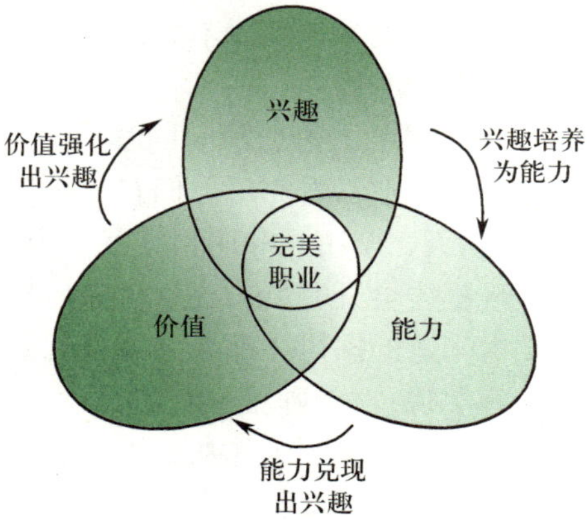

职业生涯规划三叶草模型

周旭说："老师，我觉得兴趣最重要，我们找到自己感兴趣的工作就不会累。你看我打游戏的时候从来都不会觉得累。"

哈哈哈哈……同学们又是哄堂大笑。

田老师说："是的，找到自己感兴趣的工作，会给职场生活增加很多动力。"

王雅静："老师，我觉得只有兴趣是不够的，如果我们能力不够，也会很累，所以还是提升自己能力最重要。"

韩美："我对一件事感兴趣了，就会愿意去做，熟能生巧，能力也逐渐提升了。"

田老师："那么价值呢？它会对你的职业体验带来什么不同？"

明川："我做的事情有价值，我会内心特别满足，让我增强了对这件事情的兴趣，也在做的过程中提升了能力。"

田老师："同学们可以看一下下面的三叶草模型，在职业生涯中兴趣驱动我们学习，持续的学习可以提升我们的能力，让我们完美完成工作任务，能力提升让我们更有价值感，所以我们在做职业选择的时候要考虑到兴趣、能力、价值三个因素。"

"一个职业你有兴趣，也能体验到它的价值，如果没有能力来做就会出现焦虑情绪。这项工作有价值也有能力做，如果没有兴趣，就会让人感觉厌倦。有能力也有兴趣做的工作，如果没有价值，社会贡献度不高，会让人体验到失落。所以，要尽量去探索三个因素都具备的完美职业选择，或者在工作中去提升不足的部分。"

同学们，请大家结合职业生涯三叶草模型，分析一下自己的职业目标，并结合刚才的练习，分析一下实现这个目标你在兴趣、能力、价值观方面具有的优劣势。

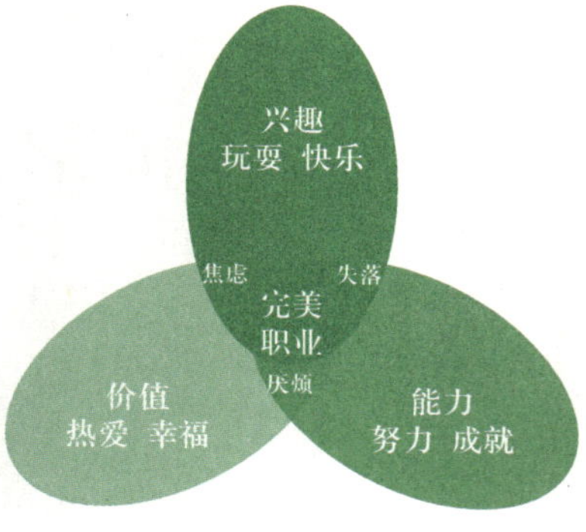

完美职业图

大家结合职业目标，来分析一下我们的学科设置，以及开设的课程对你未来职业有哪些帮助，你准备怎样学习好这些科目？

本学期开设的课程对未来职业的作用：____________________

____

怎样学好这些科目？

____

____

心灵碰撞

同学们，通过刚才的讨论，我们对自己的能力有了更新的认识，那么我们的能力是否能满足未来工作的需要呢，我们现在就来检验一下。通过练习“创办和改善你的企业”里的游戏模块三——赢得顾客，来检验一下我们的职场能力。

接下来，我们将同学们分成三组，分别是红组、蓝组和绿组。每一组都是一个公司。在这个游戏中红组是零售商，蓝组和绿组是两家旅游帽生产商。我们所在地区有许多游客。这些游客希望买一些纪念品带回家，这里以旅游帽来作为纪念品。

接下来我给大家介绍和演示如何制作旅游帽。

给大家5分钟时间练习一下。大家一定要注意产品质量，质量不合格的帽子不会有人要的，而且可能会因产品不合格而导致企业倒闭。

下面我介绍一下游戏规则：

制作帽子需要设备和技术。我们有剪刀和专用帽样。制造商可以用50元的月租金来租用剪刀和帽样。租金必须在该月的第一天支付。

为了经营各自的企业，每组有300元存款（资产），此外还会从银行得到贷款。制造商得到300元贷款，而零售商得到1 200元贷款。制造商的还款额为375元，而零售商的还款额为1 500元。贷款必须在29日归还。

制造商购买原材料，每件40元，制造完成后可以向三个市场销售自己的产品。他们可以卖给李玉收购店，但是李玉每周最多从每个制造商那里收购2顶旅游帽，而且质量必须合格。李玉的收购价是每顶100元。制造商还可以按照每顶110元的价格将产品卖给赊销市场。最后，制造商还可以把产品卖给红组。然而，双方必须就产品的质量、销售数量和价格等进行谈判。

红组根据市场需求向游客销售产品。红组为了确定市场需求，要投资进行促销，并选择合适的地点来开办企业。当然，产品必须物美价廉。

首先来谈谈“地点”。如果零售商在家开店，就不太可能吸引许多游客前来购买产品。然而，如果零售商在背街开店，就能够吸引一些游客前来，但每月需要支付150元店铺租金。如果零售商在主街开店，就能够吸引更多的游客前来，每月需要支付350元租金。

因此，在游戏开始之前，红组必须决定在哪里开店。一旦做出决定，红组就要支付“背街”或“主街”租金。该笔费用在该月的第一天支付。此外，红组还要在第一天支付100元的物业费。

为了宣传自己的企业，红组可以运用打广告、延长营业时间、向游客提供送货服务等促销方法。红组可以选择使用全部促销方法。然而，红组必须为选择的每一种促销战略支付相应的费用。要支付的金额显示在游戏道具的标有“打广告”“延长营业时间”“打包”等词的粘贴片上。（展示游戏道具，向学生演示如何通过对促销的投资来增加游客对旅游帽的需求。）

要说明的是广告费是按周支付，从红组决定打广告起开始。如果红组在某一周决定不打广告了，则红组在该周不需要支付广告费。所有代表其他促销方式的费用都是一次性付款，在红组快决定采用该种促销方式时支付。

红组对选定的开店地点和促销方式的付款概不退还。

所有三家企业每周都要向员工支付50元工资，向自己支付100元薪金。两家制造商要在27日支付100元房租。

下面我们开始游戏。我会利用计时器来控制每一天/每项活动的长度。

大家按照我定的时间，来完成以下任务，共4周。

星期一：制造商购买原材料。

星期二：制造商生产旅游帽。

星期三：制造商销售产品。如果制造商决定赊销，必须转动转盘来确定赊销结果。零售商购买产品。

星期四：零售商按照合同销售旅游帽。零售商销售之后，允许制造商从零售商处收回货款。

星期五：允许各组谈判，然后各组做计划。零售商还要利用这一天在赢得顾客指示图上确定下一周的需求数量和价格。

星期六：各组支付工资和薪金，包括该月第一个和最后一个星期六。

星期日：各组休息。

四轮过后，在最后一天，学员计算各组的利润。该游戏的盈利目标是在扣除300元的资产（存款）后获利1 500元。

大家算完各组的利润了吗？

田老师："通过刚才的游戏，同学经历了完整的企业运转周期。大家发现自己或者其他同学的什么能力，大家来讨论一下。"

韩美："老师，我觉得周旭的动手能力非常强，他虽然是男生，但是比我们女生做帽子还快，而且他做的过程中我们还看出他不紧不慢，自然流畅。王雅静具有很强的沟通能力，她们组本来和我们是竞争关系，可是她能说动我们和他们组合作共赢，这么难做到的事她都敢去做，而且还能达成共识，佩服佩服。"

明川："小美，你的沟通能力也很好。你每次去卖帽子，都价格高，而且即便质量一般，你也能让收购方顺利地收了帽子，这还不够厉害吗？没有你我们组怎么可能赢呢？"

韩美："那是因为你这个厂长安排得好，我们每一个环节都很紧凑，没有浪费时间，而且每次购买材料，你定的采购数都正好，都正好能做完，没有被没收原材料，所以我们才能控制成本，才能赚到钱。"

王雅静："我们组的李宇凡也很厉害，他的账记得特别清楚。"

田老师："同学们说得非常好，你们把个人能力素质和企业运转结合着分析，将能力与职业发展相结合，明白了能力在职场中的作用。相信大家对职业能力认识更直观了。是的，在未来职业发展中，除了必要的专业知识外，还要有职业沟通、团队合作、自我管理、自制自省、解决问题、信息处理、创新创造以及领导力、执行力等核心能力，需要我们在今后的学习生活中有意识地去锻炼。

上节课下课，我给大家留的作业是让大家分两个小组去调研一个行业协会和去采访一位成功人士。大家作业完成得怎么样？接下来，各小组派一名代表上台来展示一下。"

李宇凡："我们组的任务是调研一个行业协会，由于我们是学市场营销的，我们选择了这几年市场营销专业毕业生从业相对集中的电子商务行业协会。对电子商务行业的从业人员从业情况进行了简单的调研。电商协会特别支持我们，给我们提供了很多有价值的数据，也帮助我们发放问卷。目前，我市活跃店铺数量达 29 461 个，从业人数已达 46 663 人。我们对其中的 1 000 名从业者发放电子问卷。在我市的电商从业人员中男性占到了 51.3%，男女比例差不多；从业人员年龄在 20 ～ 30 岁的占 80% 多，学历在大专及以上的也在 80% 多。店铺主营服装、食品、宠物粮食等。这两年农产品的电商销售和直播带货也发展起来了，去年，我市农村电商实现网络零售额 5.05 亿元，同比增速为 27.7%，在全省中排名第一。调研中我们重点了解了一下，从业人员中有营销、电子商务、平面设计等专业知识背景的人员占比比我们想象中的要低很多，只有 43%。电子商务对高级人才的需求较大，但我市本地电子商务人才的储备远远跟不上市场的需求。同时，由于我市对电商人才的引进激励机制缺乏，导致高端电商人才进不来也留不住。通过调研，我们发现具有专业营销经验的人员，在电商行业还是很好就业的，我市做得比较好的电商平台都有专门学习营销的人员，这让我们对我们所学的专业和未来就业更有信心了。”

王雅静：“我们组的任务是人物访谈。我们访谈的是‘全国农村青年致富带头人’‘全国物流劳动模范’——宝信物流有限公司总经理李总。我们访问李总时最深的印象是，李总一直在强调坚持。他 2007 年从河北科技大学工商管理专业毕业后进入一个钢铁集团，因为工作辛苦，很多一起进来的同事都辞职换了工作。而他始终坚持，辛苦工作，一路晋升为副厂长、董事长助理、宝信物流总经理。李总讲，青春时期是要能吃苦的，而这个吃苦不只是工作条件艰苦的苦，还要吃不确定还坚持的苦、不被理解一人前行的苦，吃苦不是装出来的，吃得了苦你就成熟了。”

心海拾贝

学习了今天的内容，你有什么体会？

心理测试

职业价值观量表

下面有60道题，请在题目前面分值一栏打分。最低分1分，最高分5分，分数越高代表该项内容对你来说越重要。通过测验，你可以大致了解自己的职业价值倾向，为将来择业提供参考依据。

分值	题目	分值	题目
	1. 能参与救灾济贫的工作		31. 能够减少别人的苦难
	2. 能经常欣赏完美的工艺作品		32. 能运用自己的鉴赏力
	3. 能经常尝试新的构想		33. 常需构思新的解决方法
	4. 必须花精力去深入思考		34. 必须不断地解决新的难题
	5. 在职责范围内有充分自由		35. 能自行决定工作方式
	6. 可以经常看到自己的工作成果		36. 能知道自己的工作绩效
	7. 能在社会中扮演更重要的角色		37. 能让你出人头地
	8. 能知道别人如何处理事务		38. 可以发挥自己的领导能力
	9. 收入能比相同条件的人高		39. 可使你存下很多钱
	10. 能有稳定的收入		40. 有好的保险和福利制度
	11. 能有清静的工作场所		41. 工作场所有现代化的设备
	12. 主管善解人意		42. 主管能听取基层意见
	13. 能经常和同事一起休闲		43. 不必和同事有利益冲突
	14. 能经常变换职务		44. 可以经常变换工作场所
	15. 能成为你想成为的人		45. 常让你觉得如鱼得水
	16. 能帮助贫困和不幸的人		46. 能常帮助他人解决困难
	17. 能增添社会的文化气息		47. 能创作优美的作品
	18. 可以自由地提出新颖的想法		48. 常需提出不同的处理方案
	19. 必须不断学习才能胜任		49. 需对事情深入分析研究
	20. 工作不受他人干涉		50. 可以自行调整工作进度
	21. 常觉得自己的辛劳没有白费		51. 工作结果受到他人肯定
	22. 能使你更有社会地位		52. 能自豪地介绍自己的工作
	23. 能够分配调整他人的工作		53. 能为团体拟定工作计划
	24. 能常常加薪		54. 收入高于其他行业

续表

分值	题目	分值	题目
	25. 生病时能被妥善照顾		55. 不会轻易地被解雇或裁员
	26. 工作地点光线好、通风好		56. 工作场所整洁卫生
	27. 有一个公正的主管		57. 主管学识和品德让你钦佩
	28. 能与同事建立深厚的友谊		58. 能够认识很多风趣的伙伴
	29. 工作性质常会变化		59. 工作内容随时间变化
	30. 能实现自己的理想		60. 能充分发挥自己的专长

计分及解释

得分	对应题目	职业价值观	得分	对应题目	职业价值观
	1、16、31、46	利他主义		9、24、39、54	经济报酬
	2、17、32、47	美的追求		10、25、40、5	安全稳定
	3、18、33、48	创造发明		11、26、41、56	工作环境
	4、19、34、49	智力激发		12、27、42、57	上司关系
	5、20、35、50	独立自主		13、28、43、58	同事关系
	6、21、36、51	成就满足		14、29、44、59	多样变化
	7、22、37、52	声望地位		15、30、45、60	生活方式
	8、23、38、53	管理权力			

统计各个因素得分，得分越高，代表这个方面价值观越强烈。

心香一瓣

电影欣赏：《中国合伙人》

影片介绍：20 世纪 80 年代，三个怀有热情和梦想的年轻人在高等学府燕京大学的校园内相遇，从此展开了他们长达三十年的友谊和梦想征途。出生于留学世家的孟晓骏（邓超 饰）渴望站在美国的土地上改变世界，浪漫自由的王阳（佟大为 饰）尽情享受改革开放初期那蓬勃激昂的青春气息，曾两次高考落榜的农村青年成冬青（黄晓明 饰）以晓骏为目标努力求学，

电影《中国合伙人》海报

并收获了美好的爱情。然而三个好友最终只有晓骏获得美国签证，现实和梦想的巨大差距让冬青和王阳备受打击。偶然机缘，被开除公职的冬青在王阳的帮助下办起了英语培训学校，开始品尝到成功的喜悦。在美国发展不顺的晓骏回国，并加入学校，无疑推动三个好友朝着梦想迈进了一大步。

只是随着成功的降临，他们的友情也开始承受严峻的考验……

影片评价：生活当然不可能完全由一个人自己掌控走势与方向，它总要阻挡住一些路，把你逼上你不得不走的一条未知路上，不管你愿不愿意，然后不知不觉中我们便发掘了自身的另一种潜力，尽管这过程很艰辛，很痛苦，还需要一些放弃。

影片观后感：

____

____

____

心路历程

试想一下10年后同学聚会的场景，请同学们根据我们对自己的认识，为10年后的自己设计一张名片。

人生之路要自己走，要过怎样的人生，完全是自己的选择，只有自己才能赋予生命最佳的诠释。

话题八

自惜——生命挫折教育

活动十九

勇敢面对挫折

改变不合理观念

学习领域： 自惜——生命挫折教育	学习情境： 勇敢面对挫折	
姓名____________ 班级____________ 日期________________________________		

心情故事

明川从老师办公室出来，叹了口气：“唉，这次考试我的数学成绩又退步了，老师把我批评了一顿。”

周旭：“想不到班长也会遇到挫折啊！”

明川托着腮说：“那当然了，生活中的事那么多，不可能总是顺心顺意，大家都会有挫折的。”

李宇凡：“周旭你呢？你遇到过什么挫折？”

周旭挠挠后脑勺：“我遇到的挫折太多了。我小时候父母就去外地打工了，我和弟弟跟着爷爷奶奶生活，属于留守儿童。我的小学和初中可没有咱学校这么好，首先我学习就不行，刚到咱们学校的时候有很多科目跟不上，非常吃力，靠老师们和李宇凡手把手教我，才让我的成绩有了提升。”

李宇凡：“别客气，都是应该的，我们看到你天天抓耳挠腮也不好受，必须伸手帮你一把！”

周旭向李宇凡点头表示感谢：“还有就是我和弟弟都是常年见不到父母，弟弟闹脾气的时候我不想让爷爷奶奶着急，就自己哄他。但是跟小孩讲道理他不懂，经常弄得我筋疲力尽，饭都不想吃了。”

王雅静：“看来大家各有各的烦恼啊！”

韩美：“我跟周旭的情况一样，我父母在家乡县城开门市，基本很少管我。生活上没有父母陪伴、学习上没有父母帮忙，还有一个弟弟需要照顾，真的很受挫。”

田老师：“不管年纪多大，挫折是我们都会遇到的。那么遇到了挫折，我们该怎么面对呢？我们一起来思考吧！”

同学们，你遇到过什么样的挫折呢？学习上的、生活上的，请写在下面。

____

____

同学们，遇到挫折之后，你是怎样解决的呢？请把解决方法写在下面。

____

____

心境探秘

面对挫折，有些人采取了不利于身心健康的方式来排解压力，如抽烟、酗酒、吸毒、滥用药物、轻生、暴饮暴食、过度节食等，这些方式不能逃避遇到的挫折，也不能从根本上解决问题，都是饮鸩止渴的方式。

我们通过下面几个案例，看看同学们正确面对挫折的方法是什么。

【案例一】

王雅静：“我刚来咱学校的时候，只知道要军训，但不知道军训会这么累。我没吃过这样的苦，所以刚过了五天就有点受不了了。我跟老师说太累了想回家，老师在跟我爸妈说明情况之后，我爸妈就开导我，军训只是上学的第一步，把它当成一个筛子，只有通过了考验的人，才能留下来，在学校里学习。他们说如果连这一关都过不了，那以后毕业工作了怎么办？进入社会，辛苦的事更多，就把军训当成最初的磨炼吧。听完了父母的话，我豁然开朗，我要勇敢面对挫折，我一定要坚持下来，不能被这一点困难吓倒。”

【案例二】

周旭：“我小时候父母就去外地打工了，我和弟弟跟着爷爷奶奶生活，属于留守儿童。我小学是在村里上的，初中是在县城上的。我学习不好，刚到咱们学校的时候有很多科目跟不上，在学习上遇到了挫折，提高成绩非常吃力。后来老师们发现了我的困难，主动找我查漏补缺，学习委员也帮助我。我觉得老师和同学们的帮助，是让我战胜挫折的重要原因。”

【案例三】

周旭：“还有一个挫折就是，我和弟弟都是留守儿童，常年见不到父母，弟弟闹脾气的时候我不想让爷爷奶奶着急，就自己哄他。但是跟小孩讲道理他不懂，经常弄得我筋疲力尽，饭都不想吃了。但我会劝导自己，弟弟是我的亲人，照顾他是我作为哥哥的责任，而且他年纪小，我把大人的道理讲给他，他很难听懂，我应该怎样用小孩能听懂的语言跟他说明白，这才是我应该思考的，而不是自己生闷气。”

【案例四】

赵娜拉：“我从小就玩心大，小学和初中的时候有好多好朋友，等到了这里之后，离开了以前的朋友，变得不知所措，在交友方面遇到了挫折。这里是我进入的新环境，第一次住校，第一次离开家，第一次见到新的同学、新的老师。我喜欢玩，喜欢打扮，喜欢追星，不知道该怎么跟别人相处，不知道他们喜不喜欢这样的我。后来我想自己憋在心里也难受，就主动跟别人说话，询问别人的爱好，找我们之间的共同点，从这里开启话题，加上我爱说话、性格好，跟同学们自然而然就成了朋友。”

看到上面四则案例，如果你是主人公，你会怎样面对这几种挫折呢？

____

____

对于上面四个案例，你有什么更好的建议吗？

____

____

心灵碰撞

不管多大年纪，遇到挫折都是在所难免的，但我们要警惕“过度概括”，如：同学对我大声说话——他讨厌我；老师批评了我——老师不喜欢我；家人唠叨了几句——他们不爱我。过度概括就是“他总是这么对我”“他对我特别不好”，这样就是把挫折发生的频率、事件的程度过度概括了，在这种想法下，难免产生悲观情绪，钻牛角尖，甚至轻生。所以我们要时刻警惕是否扭曲了对事件的认知，因为过度概括造成自己的情绪低落，及时纠正这种想法，积极乐观地生活。

对于挫折，我们正确的做法是：

1. 与自己的观念展开辩论，逐步纠正上述不合理观念。
2. 锻炼抗压能力、培养坚毅的性格。
3. 建立自己的社会支持系统，并维护这些系统（如家人、朋友、老师等）。

现在想象，如果你是心理老师，你会对遇到以下几种挫折的学生怎么劝导呢？写出你会说的话，跟小组同学进行讨论。

1. 这个学校离我家太远了，我好想家，我想退学回家。

____

____

2. 这专业不是我选的，我现在成绩很差，以后也肯定学不好。

____

____

3. 我口音重，不敢开口跟别人说话，没有人会跟我玩的。

____

____

4. 我第一次住校，有一次跟室友打招呼他没理我，我想换宿舍。

____

____

心海拾贝

今天我们一起学习了勇敢面对挫折，你有什么收获呢？请你总结面对挫折、克服困难的方法，并在以后遇到挫折时灵活运用。

____

____

心理测试

测测你的抗压能力[①]

你的性格能承受多大的压力呢？是热衷于激烈的竞争和挑战，还是喜欢安于现状，不思进取，或者是逃避现实和不接受压力呢？做完下面的测试，你就知道了。以下各题，你只需回答“是”或“否”。请以你的第一反应作答。

1. 你是否一向准时赴约？　是□　否□
2. 和朋友比，你是否更易和老师沟通？　是□　否□
3. 你是否觉得周六早晨比周日傍晚更容易放松？　是□　否□
4. 无所事事时，你是否感觉比忙着上学时自在？　是□　否□
5. 安排业余活动时，你是否向来都很谨慎？　是□　否□
6. 当你处在等待状态时，是否常常感觉懊恼？　是□　否□
7. 你多数娱乐活动是否都和同事一同进行？　是□　否□

① 本测试来源于知乎 https：//zhuanlan.zhihu.com/p/40241213

8. 你的朋友是否认为你随和、易相处？ 是□ 否□

9. 有没有某位老师让你感觉很积极进取？ 是□ 否□

10. 运动时是否常想改进技巧，多赢得胜利？ 是□ 否□

11. 处于压力之下，你是否仍会仔细弄清每件事的真相才能做出决定？ 是□ 否□

12. 旅行之前，你是不是会做好行程表的每一个步骤，而当计划必须改变时，会感觉不自在？ 是□ 否□

13. 你是否喜欢在一场聚会上与人闲谈？ 是□ 否□

14. 你是否喜欢闷头学习躲避处理人际关系？ 是□ 否□

15. 你交的朋友是不是多半属于同一学校？ 是□ 否□

16. 当你生病时，你是否会将学习任务带到床上？ 是□ 否□

17. 平时的阅读物是否多半和学习相关？ 是□ 否□

18. 你是否比同学要花更多的时间在工作上？ 是□ 否□

19. 你在社交场合是不是三句话不离所学专业？ 是□ 否□

20. 你是不是在休息日也会焦躁不安？ 是□ 否□

计分标准

4、8、13 题答“否”得 1 分，答“是”不得分；其他题答“是”得 1 分，答“否”不得分。请统计总分。

12 ~ 20 分：A 型性格

0 ~ 9 分：B 型性格

10 ~ 11 分：介于两者之间

测试结果

A 型：喜欢过度的竞争，喜欢进步与寻求成就感；在一般言谈中过多强调关键词汇，往往越说越快并且加重最后几个词；喜欢追求各种不明确的目标；全神贯注于截止期限；憎恨拖延延期；缺乏耐心；放松心情时会产生罪恶感。

B 型：神情轻松自在而且思绪很密；学习之外拥有广泛兴趣；倾向于从容漫步；充满耐心而且肯花时间来考虑一个决定。

心理评析

A 型性格较之 B 型性格，对压力更敏感，也比较容易过激，对压力的心理承受能力也差一些。因此 A 型性格的人要避免陷入焦躁状态，不要被突发事件打乱阵脚，更不要时刻让自己处于紧张状态。

心香一瓣

影片欣赏：《国王的演讲》

电影介绍： 约克郡公爵因患口吃，无法在公众面前发表演讲，这令他接连在大型仪式上丢丑。妻子伊丽莎白为了帮助丈夫，到处寻访名医，但是传统的方法总不奏效。一次偶然的机会，她慕名来到了语言治疗师莱纳尔罗格的宅邸，传说他的方式与众不同。虽然公爵对罗格稀奇古怪的招法并不感兴趣，首次诊疗也不欢而散，但是，公爵发现在聆听音乐时自己朗读莎翁竟然十分流利。这让他开始信任罗格，配合治疗，慢慢克服着心理的障碍。乔治五世驾崩，爱德华八世继承王位，却为了迎娶寡妇辛普森夫人不惜退位。艾伯特临危受命，成为了乔治六世。他面临的最大挑战就是如何在“二战”前发表鼓舞人心的演讲……

电影《国王的演讲》海报

影片评价： 乔治在作为王子时也时常在外发表讲话，但是由于口吃的原因让他觉得十分难堪，在当上国王的道路上，他走得十分艰辛。一开始，他无论怎样练习都不能流利地说话、发表演讲，他的妻子找到了著名的理疗师罗格，希望他能够帮助自己的丈夫。一开始的治疗不尽如人意，但是后来乔治越来越相信罗格，积极配合他的治疗，从一开始的室内演讲到后来的“二战”前的演讲都见证了这个口吃国王的成长。

影片观后感：

____

____

____

心路历程

请你写下你面对过的挫折，你是如何克服困难的，在这之后你是如何夸奖自己的（如：我就知道我很有潜力！我真棒，这么难的问题都能解决！），并在以后的日子里多多夸奖自己，帮自己树立信心。

我面对的挫折	我是如何克服困难的	我是如何夸奖自己的

世上无难事，只要肯登攀。

——毛泽东

活动二十 生命只有一次

感恩的心

学习领域： 自惜——生命挫折教育	学习情境： 勇敢面对挫折	
姓名________ 班级________ 日期________________		

心情故事

下课后，韩美拿着手机看今天的新闻，她突然皱起了眉头。赵娜拉往前凑了凑："怎么了小美？"韩美说："你看这条新闻，今天上午一个初三学生因为学习成绩下滑，被老师和家长批评，冲动之下要跳河轻生。"

王雅静张大了嘴："天哪！后来怎么样？"

韩美继续说："还好被一个好心人救了起来，没有生命危险。"

赵娜拉拿过韩美的手机："还有后续，这个学生清醒之后，感谢了好心人，并表示自己很后悔当时的冲动之举。唉，幸好现在他还活着，不然连后悔的机会都没有了。"

明川："是啊是啊，这要是真没命了，亲近的人该多伤心啊！"

周旭点点头："对啊，不管遇到了什么事，还是活着好啊！"

这时候田老师走了过来，发现大家的表情都很沉重，忙问发生了什么事情，李宇凡对田老师说："刚才我们看到了一则新闻，一个初三学生冲动自杀，幸好被人救了下来，没有生命危险。"

田老师点点头，环视一圈对大家说："生命只有一次，失去了就无法再来，不像电脑关机一样，还能再次开机。所以我们要珍惜生命，不能在冲动的时候做傻事。有时候我们的情绪不好、心情不稳定，但这并不表示我们无路可走了，不表示我们的人生没有希望了。大家知道《真心英雄》这首歌吗？"

大家都点点头，田老师说："里面有一句歌词写得很好，不经历风雨，怎么见彩虹。即使遇到了困难，也把它看成一场终会结束的暴风雨，这样才能迎来雨过天晴和美丽彩虹！"

大家觉得生命是什么？请把你的看法写在下面。

____

____

你生命中有哪些美好瞬间？请写在下面，再感受一次当时的美好心情。

____

____

心境探秘

生命是什么？

生命是指在宇宙发展变化的过程中，自然出现的存在一定的自我生长、繁衍、感觉、意识、意志、进化、互动等丰富可能的一类现象。

为什么生命珍贵？

（1）人的生命只有一次，一旦失去就无法复生；

（2）生命的存在本身就是一种权利，更是获得其他权利的重要前提条件；

（3）只有在生命存在的前提下，无数可能性才得以存在，人可以凭借美好的品质创造更好的生活、实现更高的价值；

（4）每个生命都是独一无二的，每个人对生命的体验都是不同的，每一种体验都是珍贵的。

如何珍爱生命？

辛亥女杰、民族英雄秋瑾说“芸芸众生，孰不爱生？”，珍爱生命不该是只放在口头上的一句空话，我们该如何在行动上珍爱生命呢？

（1）提高自我保护意识，遵守校纪校规，遵守交通规则，熟记公安、火警、急救和交通事故报警电话，掌握发生事故和灾难的自救技能；

（2）远离毒品、酒精、尼古丁等对身体有害的物质；

（3）有基本的安全意识，不做危险的游戏；

（4）保持心理健康，拒绝自伤、自杀的想法，无论面对幸运还是苦难，都不轻易放弃自己的生命；

（5）懂得心理健康的重要性，擅于向专业人士寻求帮助。

下面我们通过一个真实事件，看看生命的坚强。

2021 年夏季的河南，因暴雨导致洪灾，1 453 万民众不同程度地受到了灾情的影响。在灾难中，我们看到了洪水的无情，也看到了生命的坚强。7 月 21 日，在郑州荥阳一处坍塌的楼房下，救援队救出一名被困一天一夜的 4 个月大的女婴。对于毫无生存技能的小婴儿来说，她把生的本能、对生命的强烈渴望发挥到了极致，在被困的一天一夜里，在母亲的保护下，她顽强地挺了过来。这样的例子我们在 2008 年的汶川地震中也见过。当地震发生时，几乎没有任何反应时间，正在会议室开会的马元江被埋入了 7 米下的废墟中。在动弹不得、滴水未进的情况下，他与死神搏斗了 179 个小时，并且赢下了这场生命的竞赛。这样的例子，在大灾大难面前有很多，生存的强烈意识让受灾者能坚持很长时间，直到救援来临。

生命只有一次，我们向怀有生的意识、在绝境中不放弃生存的生命致敬！

心灵碰撞

现在请同学们闭上双眼，根据老师说出的这几个词汇进行想象，想象它的画面、声音、味道、温度、触感，等等。

蚂蚁、燕子、大象、猎豹、海豚、婴儿

现在请大家睁开双眼，举手回答对这些词汇的感觉。

在这些词汇中，你有没有感受到它们的活力？每一种生物都在生存的本能下散发着强大的生命力，其中最直观、最常见的就是人类，即使没有鸟的翅膀，人类也可以飞上蓝天；即使没有鱼的鳃鳍，人类也可以遨游海洋；即使没有猎豹的速度，人类也可以在草原上奔跑；即使没有大象的力量，人类也可以举起千斤重物。

生命只有一次，人类用这个群体独有的方式在生存和延续，其中每个人都在用不同的形式活着，我们感受到阳光的温暖、我们听到风的吹拂、我们触摸到水的流动；我们欣赏音乐、我们阅读书籍、我们品尝美食……生命只有一次，也正是因为只有一次，人们才会倍加珍惜这一次的机会。

请大家在老师的带领下合唱歌曲《感恩的心》。

我来自偶然 像一颗尘土 有谁看出 我的脆弱
我来自何方 我情归何处 谁在 下一刻 呼唤我
天地虽宽 这条路 却难走 我看遍这人间 坎坷辛苦
我还有多少爱 我还有多少泪 要苍天知道 我不认输
感恩的心 感谢有你 伴我一生 让我有勇气做我自己
感恩的心 感谢命运 花开花落 我一样会珍惜

我来自偶然 像一颗尘土 有谁看出 我的脆弱
我来自何方 我情归何处 谁在 下一刻 呼唤我
天地虽宽 这条路 却难走 我看遍这人间 坎坷辛苦
我还有多少爱 我还有多少泪 要苍天知道 我不认输
感恩的心 感谢有你 伴我一生 让我有勇气做我自己
感恩的心 感谢命运 花开花落 我一样会珍惜
感恩的心 感谢有你 伴我一生 让我有勇气做我自己
感恩的心 感谢命运 花开花落 我一样会珍惜

心海拾贝

通过今天的学习，你对生命有哪些新的认识呢？如果你看到了不珍惜生命的现象，如虐待小动物、醉酒驾驶、抽烟、酗酒等，你会如何劝说当事人呢？请写在下面。

____

____

心理测试

你的生命路线是什么？[①]

1. 去年至少看过一次美术展览，家中书柜里至少有一本和美术相关的书籍？
Yes—2 No——3
2. 你的地理、语文成绩比理化好？
Yes—4 No——5
3. 你能够说出五位小学同班同学的姓名，并记得他们的长相？
Yes—5 No——6
4. 朋友里有学美术或是相关领域的人？
Yes—7 No——8
5. 你曾经组过乐团，或是参与过任何与美术、音乐有关的表演活动？
Yes—8 No——9
6. 你觉得自己的记忆力和表达能力都不错？
Yes—9 No——10
7. 你目前的发型是长发，或是想要蓄长发？
Yes—11 No——12
8. 你生性寡言，不容易和他人推心置腹？
Yes—12 No——13
9. 看见可爱的绒毛玩具，会想摸一摸？
Yes—13 No——14
10. 你对于阅读很有兴趣，不喜欢人挤人的百货公司？
Yes—14 No——15
11. 曾经亲手画过图或是制作过卡片送人？
Yes—16 No——17
12. 曾经送过花给人，或是曾收过他人送的花？
Yes—17 No——18
13. 因为食欲不错，食量也大，有体重过重的问题？
Yes—18 No——19
14. 你喜欢飙车的速度感？
Yes—19 No——20
15. 你喜欢向日葵胜过鸢尾花？

① 转自 http：//quwei.nlp.cn/2011-12-30/70122-9.html

Yes—20 No——21

16. 曾经因为犯错而被处罚？

Yes—22 No——23

17. 你对于数字相当有概念？

Yes—23 No——24

18. 对于蓝色的画作比红色的画作来得有感觉？

Yes—24 No——25

19. 每天都会喝很多的水？

Yes—25 No——26

20. 喜欢德国表现画派（A）胜过前拉斐尔派（B）作品？

Yes—26 No——27

（A）

（B）

21. 喜欢自画像A（恩索尔1899年）胜过自画像B（莫德松·贝克1907年）?

Yes—27 No——28

（A）

（B）

22. 曾有人对你表示，你是个难以捉摸且不按常理出牌的人？
    Yes—B No——A
23. 你的房间收拾得整齐干净，做起事来一丝不苟？
    Yes—B No——C
24. 你不太喜欢拍照？
    Yes—C No——D
25. 身处于宽阔的空间会有不安全感？
    Yes—D No——E
26. 你的个性不拘小节？
    Yes—F No——E
27. 你不相信算命和轮回？
    Yes—F No——G
28. 今年有至少一次的国外旅行计划？
    Yes—G No—H

测试结果：A　B　C　D　E　F　G　H

你的生命路线是什么（测试结果）

心香一瓣

电影欣赏：《唐山大地震》

电影《唐山大地震》海报

影片介绍：1969年，卡车司机方大强在祈祷中迎来了自己的龙凤胎儿女：方登和方达。

妻子李元妮差点儿因为难产送命，好在母子平安，一家人欢喜地离开医院，从此过上普通却幸福的生活。时间走到1976年，唐山这个中型工业城市，一家人虽然只拥有很小的空间，却温馨和睦。姐姐方登明显比弟弟方达要活泼。方大强经常出门在外，好不容易回来一次，姐弟俩都特别高兴。7月的一个傍晚，方大强回到了自己的家，在社区外的马路上，方大强和李元妮躲在卡车上亲热，突然——地震了。

为救孩子，方大强死了，方登和方达被同一块楼板压在两边，无论人们想救哪一个，都要放弃另一个。元妮选择了从小体弱多病的弟弟方达，而头脑清醒的方登听到了母亲做出的抉择。后来元妮独自抚养着儿子，选择坚强地活下去，劫后余生的方登被军人王德清夫妇领养，进入了一个全新的世界。母女姐弟从此天各一方，直到32年后的汶川大地震，他们的生命轨迹才重新走到一起。

影片评价：灾难是我们每个人不愿意面对的，但是有时候我们却不得不面对。也许正是因为灾难，有失去才能让我们更懂得珍惜。无常是人生的常态，但在面对无常的时候，我们应该去想，也许这一切都是最好的安排。

影片观后感：

____

____

____

心路历程

请大家在课后按照如下步骤，花十分钟时间完成一次冥想，让自己放松下来，感受自己的内心。

（1）首先找一个安静的空间，让自己可以放松下来。坐在椅子上，双手放在大腿或膝盖上，舒服地坐着。保持背部挺直——可以试着坐在椅子前部。你的脖子应该放松，下巴稍微收进去。对于你，无论冥想困难还是容易，都要承诺自己，将这 10 分钟完全用在冥想上。

（2）深呼吸。让你的视线变柔软，轻轻地凝视着前方。进行 5 次可以听到声音的深呼吸：通过鼻子吸气，通过嘴巴呼气。在最后一次呼气时，让你的眼睛轻轻闭上。

（3）观察自己。花一些时间来适应你的身体。轻轻地观察你的姿势，注意你身体与椅子接触的部分，双脚接触地面的感觉。感觉手臂和手放在腿上的重量。体会你感官的感觉：注意任何你能闻到、听到或尝到的感觉，热或冷的感觉。

（4）扫描身体。慢慢将注意力集中到身体上。从头到脚扫描你的身体，观察任何紧张或不适。无需试图改变，只需意识到它。再次扫描，但是这次注意到身体的哪个部位感到放松。每次大约花 20 秒扫描一遍。

现在把你的意识转向你的思绪。注意观察想法而不试图改变它们。轻轻地注意你的潜在情绪，只是在不评判的情况下意识到存在的情绪。如果没有什么明显的情绪，那也没关系。

（5）观察呼吸。注意你的呼吸。不要做任何改变它的努力，只要观察它在体内产生的上升和下降的感觉。注意这些感觉发生在哪里？是你的腹部、胸部、肩膀还是其他任何地方。

花一点时间，注意每次呼吸的质量，注意它是深或浅，长或短，快或慢。静静地开始计数呼吸次数：1，吸气，2，呼气，3，吸气，等等，数到10，然后再从1开始。

在这样做的同时，其他想法浮现出来是完全正常的。你不需要“做”任何事情，只需引导你的注意力回到呼吸，然后意识到你刚刚走神了。如果你还记得你要数的数字，那么从那里开始，或者从1重新开始。

不要急于呼吸，让呼吸以自己的节奏进行。继续，直到十分钟结束，计时器响起。

（6）放开你的思绪。继续花20～30秒，静静地坐着。你可能会发现自己会被各种想法和计划所淹没，或者感到平静和专注。无论发生什么都完全没问题。享受这难得的机会，让你的思绪自由自在地漂一会儿。

（7）准备收尾。再次感受到身体的感觉：你身体与椅子接触的地方，你的脚与地板接触的地方，你的手臂和放在膝盖上的手。注意任何你能听到、闻到或感觉到的东西。当你准备好时，慢慢睁开眼睛。

（8）恭喜你，你刚刚冥想了整整10分钟。注意到你的感受——它与你第一次坐下来冥想时有什么不同？下次当你感到压力或担心时，要提醒自己这种感觉，并且告诉自己只需10分钟的冥想，你就会感觉好一些。

本来，生命只有一次，对于谁都是宝贵的。

——瞿秋白

活动二十一 焕发生命光彩

焕发生命光彩

学习领域： 自惜——生命挫折教育	**学习情境：** 焕发生命光彩	
姓名__________ 班级__________ 日期______________________		

心情故事

下课后同学们围坐在一起聊天，突然韩美叹了口气。

王雅静：“小美你怎么了？”

韩美：“你知道我喜欢唱歌跳舞，可是最近跟我爸妈聊天，他们想让我以后当护士，因为他们觉得护士是白衣天使，当护士很光荣、很神圣。但我对于未来其实没什么规划，不知道以后要做什么。”

李宇凡扶了扶眼镜：“你爸妈说的有道理，但是你现在都不知道自己想做什么，他们就只能提供建议了。”

明川：“是啊，先想想你理想的职业是什么吧。不过不管你以后做什么，三百六十行，行行出状元。只要你用心去做，总会实现自己的人生价值的。”

周旭：“对啊对啊，职业不分高低贵贱，只要做出贡献了就是有价值的。”

韩美思考了一会儿，点点头说：“你们说得对，既然现在我还没有目标，那就得从现在能做的事开始做，好好学习、注重实践，不管以后做什么职业，把现在当下的功夫做好是必须的！”

田老师听到了大家的对话，走过来说："大家说的都对，生命只有一次，在这一生当中，我们要怎么实现人生价值，焕发生命光彩呢？就像小美说的，未来没有定数，只有从现在做起，才能有备无患！"

请大家写出生命的意义是什么？如何实现生命的意义？然后以小组为单位，展开讨论。

____

____

____

心境探秘

一、生命的意义是什么？

这个问题就像一千个人心中有一千个哈姆雷特，每个人都有不同的答案。有人说生命在于付出和奉献，有人说生命在于体验和享受，还有人说生命在于学习和尝试……如果让我回答这个问题，那我会说，生命的意义就在于无限的可能性，只要活着，我们就可以创造无限可能，或许成为学者，或许成为工程师，或许成为画家，或许成为作家。每一个人生里都有无限个选择，正是每一个选择成就了今天的自己。生命的意义就在于让这些可能变为现实。

二、如何实现生命的意义，创造人生价值，让生命焕发光彩？

对于我们这个年龄段的人来说，讲生命、讲人生、讲意义，是有些宏大的，甚至会产生虚无缥缈、与己无关的想法。但是，从小的地方说，我们每一天、每一个时刻都在对自己、对他人、对社会产生影响，学会如何利用时间、如何做好自己该做的事，才是我们谈人生意义的目的。在我们这个年龄段，该做的事就是好好学习，多思考、勤动手，坚持正确的价值观，做一个善良正直的人、能为社会做出贡献的人。就像中国共产党早期青年运动领导人萧楚女说的那样，"人生应该如蜡烛一样，从顶燃到底，一直都是光明的。"

下面我们通过两个故事来体会生命的意义。

故事一：焊接火箭"心脏"的人

今年 53 岁的高凤林，是中国航天科技集团公司第一研究院 211 厂发动机车间班组长，35 年来，他几乎都在做着同样一件事，为火箭焊“心脏”——发动机喷管焊接。有的测验需要在高温下持续操作，焊件外观温度达几百摄氏度，高凤林却咬牙坚持，双手被烤得鼓起一串串水疱。由于技艺高超，曾有人开出“高薪加两套北京住房”的优厚条件聘请他，他却说，我们的成果打入太空，这样的民族认可的成就感用金钱是买不到的。他用 35 年的坚守，诠释了一个航天匠人对梦想信念的执着追求。

极致：焊点宽 0.16 毫米，管壁厚 0.33 毫米

“长征五号”火箭发动机的喷管上，有数百根几毫米的空心管线。管壁的厚度只有 0.33 毫米，高凤林需要通过 3 万次细致的焊接操作，才能把它们编织在一起，焊缝细到接近头发丝，而长度相当于绕一个标准足球场两周。

专注：为制止失误练习十分钟不眨眼

高凤林说，在焊接时得紧盯着微小的焊缝，一眨眼就会有闪失。“假设这道工序需要十分钟不眨眼，那就十分钟不眨眼”。

坚守：35 年焊接 130 多枚火箭发动机

高凤林说，每每看到我们生产的发动机把卫星送到太空，就有一种大功告成后的骄傲感，这种骄傲感用金钱买不到。正是这份骄傲感，让高凤林一直坚守在这里。35 年，130 多枚长征系列运载火箭在他焊接的发动机的助推下飞向太空。这个数字，占到我国发射的长征系列火箭总数的一半以上。

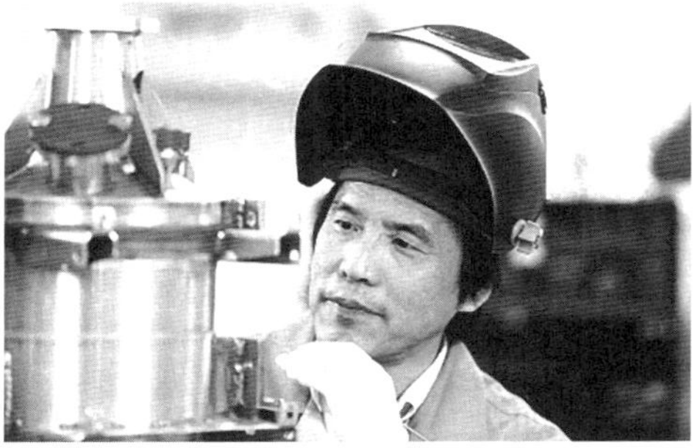

焊接专家高凤林

匠心：用专注和坚守创造不成能

火箭的研制离不开众多的院士、教授、高工，但火箭从蓝图落到实物，靠的是一个个焊接点的累积，靠的是一位位普遍工人的咫尺匠心。

“岗位不同，作用不同，仅此而已，心中只要装着国家，什么岗位都光荣，有台前就有幕后。”

故事二：在大海的岸边，一只海龟看见育珠姑娘坐着船来了，紧张地叫喊起来：“海蚌，你快跑吧，再不跑就来不及了！”海蚌抬头看了看四周说：“海龟，你可真是大惊小怪的，哪有危险啊？”“海蚌，你没看到育珠姑娘马上就要到了吗？难道这不是危险吗？”海蚌不紧不慢地说：“这有什么可怕的，来了就来了呗！”海龟见海蚌一点也不害怕，就问它：“你知道育珠姑娘是干什么的吗？”“知道啊，她会把珠粒植入我的体内，让我育珠。”海蚌回答道。海龟担心地说：“可是你历经磨难育成珍珠后，她会把你切开然后取出珍珠啊！”海蚌坦

然地说："育出珍珠就是我生命的意义所在啊！对我来说，能够培育出圆润玲珑的珍珠，就是我价值的体现。"

同学们，通过这两个故事你体会到生命的意义了吗？你觉得自己生命的意义是什么呢？

____

____

心灵碰撞

请四人为一组，每人分好角色后，按照下面的小剧本《一棵树的故事》演一出戏。

树："我是一棵树，当我还是一颗种子的时候，随着风飘落到这座山上，跟着同伴们一起长大。"

鹰从天空中飞过，对树说："做一只鹰多好，可以俯视众生。"

兔子从草地上跑过，对树说："做一只兔子多好，可以自由自在地奔跑。"

小鱼从河里游过，对树说："做一只鱼多好，可以在河水里畅游。"

树："面对这些说法，我有自己的思考——我是一棵树，这辈子都是一棵树，变不成鹰、兔子或者小鱼，但我可以用这一生做好一棵树。"

鹰、兔子和小鱼一起问："你如何做好一棵树呢？"

树："年幼的我在大树的庇护下成长，经历过烈日炙烤，也经历过春风拂面；见过骇人的暴雨，也见过美丽的彩虹。长大后我能独自撑起一片荫凉，为身下的花草遮风避雨，为整座山林增添一份绿色。这不也是很好的一生吗？"

鹰、兔子和小鱼："是啊，充实了自己、做出了贡献的一生就是很好的一生！"

同学们，戏演完了，大家有什么感想呢?

正如世界上没有两片完全相同的叶子一样，世界上也没有完全相同的两个人。在这个宇宙中，我们每个人都是独一无二的自己，我们有缺点、有不足，但这也是我们的一部分，跟我们的优点、我们的长处结合在一起，便形成了独一无二的我们、这个世界不能缺少的我们。我们的想法可以被书写、情感可以被描绘，在延伸自己生命的长度的同时，也能让别人看到不一样的世界。我们要用这一生来完善自己的人格，在这个历程中，有快乐、有幸福，也有艰难、有困苦，这一路上我们体会了、收获了、成长了，我们是自己，又超越了自己。在这一生中，我们要珍惜时间、珍惜生命，发挥长处、避开短处，奋发图强、实现价值，这才算是“过好了自己的一生”。

请把你的感想写在下面吧。

____

____

____

心海拾贝

同学们，现在你对自己的生命意义有了什么新的认识呢？为了实现人生的意义，你对未来有什么规划呢？请写出你对生命意义的认识和你的十年规划。

____

____

____

心理测试

你蕴含着什么能量？[①]

朋友约你去泡温泉，有三种环境可以选择，分别是：

① https：//www.sohu.com/a/155657572_167160

（1）火山温泉，周边是很原始粗犷的风景；

（2）坐落于树林里的温泉；

（3）在雪山里的温泉。

这三种温泉环境，你最中意的是哪种？

请把最喜欢的排在前面，相对不那么喜欢的排在后面，以下选项哪个更接近你的想法？

A. ①—②—③

B. ①—③—②

C. ②—①—③

D. ②—③—①

E. ③—②—①

F. ③—①—②

解析：

A. ①—②—③：你身上隐藏着热情的能量。

你好像总有用不完的力气，总有追求不完的目标，总有能够激起你兴趣的爱好，生活对你来说就好像一个万花筒，在别人眼中看起来简单平凡，但是，在你眼中也别有一番滋味。你总能找到事业、爱情中，能激发你兴趣的一面，因为你自己就是个很有意思的人，所以生活方式当然也很有意思。

B. ①—③—②：你身上隐藏着温暖的能量。

不管经历过多少糟糕的事情，你始终都相信世界上爱的存在，所以你会尽量地不去怀疑别人的真心和热情，你待人非常真诚，除非受到了伤害，你才有可能拒绝他人的请求，大多数时候，你愿意用一颗温暖的心去感动别人，同时不会轻易地怀疑他人身上的恶的本性。

C. ②—①—③：你身上隐藏着勇敢的能量。

有时候明知道前面的路不好走，明明看到了有困难挡在面前，你还是会勇敢地接受挑战，而且你相信未来肯定是美好的，哪怕经历过很多的挫折，你照样可以勇敢地追求自己的梦想，这种勇敢的精神，让身边的很多人都为之动容，非常羡慕你身上的勇气。

D. ②—③—①：你身上隐藏着正义的能量。

非常反感身边的恶劣行为，而且会主动地跟那些恶势力作对，你相信世界上总有人应该出来主持正义，内心有很强烈的英雄主义精神，特别崇拜影视剧中或者书籍中勾勒的英雄角色，希望自己是那样的人，能够主持正义和公道。

E. ③—②—①：你身上隐藏着坚毅的能量。

只要下定决心要做一件事，不管遇到多大的困难都会一直坚持走下去，包括爱一个人，从刚开始决定要爱的一刻，就抱着永不放手的决心，内心很强大，不容易因为一点打击而垂头丧气，只要定下了目标不达目的不罢休，这种精神值得叫他人欣赏。

F. ③—①—②：你身上隐藏着友好的能量。

为人谦和，不卑不亢，不崇拜那些，有权有势的人，也不看低那些社会地位低下的人，不愿意挑起是非不会背后议论旁人，有一颗感恩的心，只要朋友曾经对你伸手相助，你也一定会回报朋友，追求和平，希望身边的人都能跟自己保持和谐的关系。

心香一瓣

电影欣赏：《你好，张桂梅》

影片介绍：在中国，也有千千万万的人为女童和妇女教育事业默默耕耘。有一位名叫张桂梅的女教师，她扎根云南贫困山区40多年，推动创建了中国第一所免费女子高中，2008年建校以来已帮助1 600多位女孩圆梦大学校园。张老师被女孩子们亲切称为“张妈妈”。她像一束希望之光，照亮孩子们的追梦人生。

张桂梅（来源新华网）

她坚持用红色文化引领教育，培养学生不畏艰辛、吃苦耐劳的品格，引导学生铭记党恩、回报社会。她坚持每周开展1次理论学习、重温1次入党誓词的组织生活，发挥党员在学校各项工作中的先锋模范作用。她常年坚持家访，行程11万多公里，覆盖学生1 300多名，为学校留住了学生，为学生留住了用知识改变命运的机会。她吃穿用非常简朴，对自己近乎“抠门”，却把工资、奖金捐出来，用在教学和学生身上。她以坚韧执着的拼搏和无私奉献的大爱，诠释了共产党员的初心使命。

影片评价：《你好，张桂梅》是2021年人民日报新媒体、微博联合新世相推出的张桂梅纪录片，用以赞扬张桂梅的崇高精神，也让群众看见教育的力量。张桂梅，是一位胸怀大爱的母亲，对孩子们施以无私的爱。就像华坪女高的校训所说的：“我生来就是高山而非溪流，我欲于群峰之巅俯视平庸的沟壑；我生来就是人杰而非草芥，我站在伟人之肩藐视卑微的懦夫！”张桂梅教给每个孩子自尊、自立、自强，给了她们走出大山的机会。

影片观后感：

____

____

____

心路历程

请同学们在课后花 10 分钟时间，想想自己的闪光之处，哪怕是一点小事也好，请把它写下来，在书写的过程中感受自己的力量，暗示自己“我有能力、我有潜力、我可以成为更好的自己”。

在家庭	在学校	在社会

人最宝贵的是生命，生命每个人只有一次。人的一生应该这样度过：当他回首往事的时候，不因虚度年华而悔恨，也不因碌碌无为而羞愧；这样，在临死的时候他就能够说：“我的整个生命和全部精力都献给了世界上最壮丽的事业——为人类的解放而斗争。”

——奥斯特洛夫斯基《钢铁是怎样炼成的》

参 考 文 献

［1］郭金枚，明晶．大学生心理健康教育［M］．长春：吉林大学出版社，2015.
［2］刘娜．中职生心理健康导读［M］．天津：天津科学技术出版社，2016.
［3］俞国良．心理健康［M］．2 版．北京：高等教育出版社，2016.
［4］俞国良，李媛．心理健康教学参考书［M］．3 版．北京：高等教育出版社，2018.
［5］石国兴．心理健康教育新论［M］．石家庄：河北人民出版社，2012.
［6］颜苏勤．中职生心理健康［M］．上海：上海人民出版社，2010.
［7］罗家永．心理拓展游戏 270 例［M］．福建：福建教育出版社，2014.
［8］卡耐基．交际的艺术［M］．张子漠译．北京：中国电力出版社，2015.
［9］边玉芳．心理健康［M］．上海：华东师范大学出版社，2016.
［10］伊米·洛．拥抱你的敏感情绪：疗愈情绪，接纳自我［M］．何巧丽译．北京：机械工业出版社，2019.
［11］彭纯清，孙霞．大学生心理素质训练——开启心灵之旅［M］．武汉：华中师范大学出版社，2020.
［12］李建耀，赵军．大学生心理健康教育［M］．北京：中国传媒大学出版社，2021.
［13］罗毅华，张兴龙，谢丽娜．自助与成长——大学生心理健康教育［M］．青岛：中国海洋大学出版社，2021.
［14］曹艳婷，黄凯林，王翠华．大学生心理健康教育［M］．青岛：中国海洋大学出版社，2019.
［15］http：//www.360doc.com/content/17/1122/03/7700488_706024227.shtml.